PROJET DE LOI

SUR LES PRISONS

PRÉSENTÉ

A LA CHAMBRE DES PAIRS

LE 10 JUIN 1844

MINISTÈRE DE L'INTÉRIEUR

PROJET DE LOI
SUR LES PRISONS

PRÉSENTÉ

A LA CHAMBRE DES PAIRS

LE 10 JUIN 1844

OBSERVATIONS
DE MM. LES PRÉFETS

SUR CE PROJET DE LOI

DANS SES RAPPORTS

AVEC L'ADMINISTRATION ET LA POLICE DES PRISONS

PARIS
IMPRIMERIE ROYALE

M DCCC XLVI

PROJET DE LOI

SUR LES PRISONS,

PRÉSENTÉ

A LA CHAMBRE DES PAIRS

LE 10 JUIN 1844.

―――――――

LOUIS-PHILIPPE, Roi des Français,

. A tous présents et à venir, salut.

Nous avons ordonné et ordonnons que le projet de loi dont la teneur suit, adopté par la Chambre des Députés dans sa séance du 18 mai 1844, soit présenté, en notre nom, à la Chambre des Pairs par notre ministre secrétaire d'État de l'intérieur, et par M. A. Passy, sous-secrétaire d'État, que nous chargeons d'en exposer les motifs et d'en soutenir la discussion.

Titre Ier. — *Du régime général des prisons.*

Art. 1er. Toutes les prisons affectées aux détenus non militaires sont placées sous l'autorité du ministre chargé de l'administration départementale.

Art. 2. Des ordonnances royales portant règlement d'administration publique détermineront le mode de surveillance des prisons, les attributions respectives, en ce qui les concerne, des préfets, des maires et autres délégués de l'autorité administrative, la composition et les attributions des commissions de surveillance qui seront instituées dans chaque arrondissement.

Les premiers présidents et les procureurs généraux seront membres de droit de toutes les commissions de surveillance de leur ressort.

Les présidents et procureurs du Roi seront membres de droit des commissions de surveillance de l'arrondissement.

Deux membres du conseil général et deux membres du conseil d'arrondissement feront partie de chaque commission de surveillance.

Art. 3. Un règlement spécial, relatif au régime intérieur de chaque prison, sera arrêté par le ministre.

Art. 4. Tous les agents préposés à l'administration et à la garde des prisons seront nommés ou révoqués par le ministre, ou, sous son autorité, par le préfet.

Titre II. — *Du régime des prisons affectées aux inculpés, prévenus et accusés.*

Art. 5. Dans les lieux où des maisons spéciales ne seront pas destinées aux inculpés, prévenus et accusés de chaque sexe, il sera affecté aux hommes et aux femmes des quartiers distincts.

La surveillance immédiate des prisons ou quartiers affectés aux femmes sera exercée par des personnes de leur sexe.

Art. 6. Les inculpés, prévenus et accusés seront séparés les uns des autres pendant le jour et la nuit.

Chacun aura une cellule suffisamment spacieuse, saine et aérée.

Une heure au moins d'exercice en plein air sera accordée tous les jours à chacun d'eux.

Art. 7. Les règlements internes de la prison détermineront dans quelles circonstances ils sortiront de leurs cellules, et les prescriptions nécessaires pour empêcher toute communication entre eux.

Art. 8. Toutefois, des communications de détenu à détenu pourront être permises par le chef de la maison entre les parents et les alliés.

Art. 9. Quand le juge n'aura pas interdit les communications entre les détenus compris dans la même instruction, les communications leur seront permises, s'ils le demandent réciproquement, aux heures, dans les lieux et sous la surveillance qui seront déterminés par les règlements de la maison.

Dans tous les autres cas, les communications de détenu à détenu pourront être autorisées par le préfet.

Art. 10. Les inculpés, prévenus et accusés pourront communiquer tous les jours avec leurs conseils, parents et amis. Un règlement d'administration publique déterminera les heures et les conditions.

S'il y a refus de la part du chef de la maison dans le cas prévu au précédent paragraphe, comme aussi au cas de l'article 8, il en sera référé aux magistrats chargés de l'instruction, qui pourront permettre la communication demandée.

Art. 11. Les communications autorisées par les articles 8, 9 et 10 ne pourront avoir lieu dans le cas où les magistrats chargés de l'instruction auraient ordonné que le prévenu fût privé de toute communication.

Art. 12. Les prévenus et accusés pourront travailler dans leurs cellules à tous les ouvrages compatibles avec la sûreté et l'ordre de la maison.

Le produit de leur travail leur appartiendra.

TITRE III. — *Des prisons affectées aux condamnés, et du régime de ces prisons.*

Art. 13. Les travaux forcés seront subis dans des maisons appelées *Maisons de travaux forcés.*

Art. 14. Les condamnés à la reclusion subiront leur peine dans une prison qui sera appelée *Maison de reclusion.*

Art. 15. Les condamnés à l'emprisonnement subiront leur peine dans une prison qui sera appelée *Maison d'emprisonnement.*

Art. 16. Dans le cas où il serait nécessaire de recevoir dans la même maison des condamnés à la reclusion et à l'emprisonnement, ils seront renfermés dans des quartiers distincts, et qui porteront les noms de *Quartier de la reclusion* et *Quartier de l'emprisonnement.*

Art. 17. Des maisons spéciales seront affectées aux femmes condamnées aux travaux forcés, à la reclusion et à l'emprisonnement.

Dans le cas où il serait nécessaire de recevoir dans la même maison des femmes condamnées aux travaux forcés, à la reclusion et à l'emprisonnement, elles seront renfermées dans des quartiers spéciaux et portant chacun des dénominations distinctes.

Art. 18. Les enfants condamnés en vertu des articles 67 et 69 du Code pénal, et les enfants détenus, soit en vertu de l'article 66 du même Code,

A.

soit par voie de correction paternelle, seront détenus dans des maisons spéciales.

Ceux des enfants ci-dessus dénommés qui ne pourront être placés dans une maison spéciale, ainsi qu'il vient d'être dit, seront renfermés dans la maison des condamnés à l'emprisonnement, où un quartier distinct leur sera consacré.

ART. 19. Les condamnés à l'emprisonnement d'un an et au-dessous pourront être détenus dans les mêmes prisons que les inculpés, les prévenus et les accusés.

ART. 20. Les enfants condamnés en vertu de l'article 69 du Code pénal et les enfants détenus en vertu de l'article 66 pourront être placés en apprentissage, soit chez des cultivateurs, des artisans ou des industriels, soit dans des établissements spéciaux, avec la réserve expresse, pour l'administration, du droit d'ordonner leur réintégration dans les maisons spécifiées en l'article 18.

La mise en apprentissage et la réintégration auront lieu en vertu des ordres de l'administration, et sur l'avis du ministère public.

ART. 21. Dans toutes les maisons de travaux forcés, de reclusion et d'emprisonnement, les condamnés seront, sauf l'exception indiquée ci-après, séparés les uns des autres pendant le jour et la nuit.

ART. 22. Chaque détenu sera renfermé dans un lieu suffisamment spacieux, sain et aéré, conformément à l'article 6, dont toutes les dispositions seront applicables aux cas prévus par l'article précédent.

ART. 23. Le travail est obligatoire pour tous les condamnés, à moins qu'ils n'en aient été dispensés par le jugement ou l'arrêt de condamnation.

ART. 24. Le produit du travail des condamnés appartient à l'État. Cependant, une portion déterminée de ce produit pourra être accordée aux condamnés, soit individuellement, soit en commun, soit pendant leur captivité, soit à leur sortie, soit à des époques déterminées après leur sortie; le tout, ainsi qu'il sera ordonné par des règlements d'administration publique.

Cette portion ne pourra excéder 3 dixièmes pour les condamnés aux travaux forcés, 4 dixièmes pour les condamnés à la reclusion et 5 dixièmes pour les condamnés à l'emprisonnement.

ART. 25. Les condamnés ne pourront recevoir aucun objet du dehors, et, dans l'intérieur de la maison, il ne pourra leur être rien vendu ni donné à loyer. Néanmoins, les condamnés à l'emprisonnement à un an et au-dessous pourront recevoir du dehors des objets admis par le préposé en chef ou directeur.

Art. 26. Il sera attaché au service de chaque prison un ou plusieurs aumôniers. Un ministre appartenant à l'un des cultes non catholiques sera attaché au service de la maison où se trouveront des condamnés appartenant à l'un de ces cultes.

Art. 27. Chaque condamné sera visité au moins une fois par semaine par le médecin et l'instituteur. Les ministres des différents cultes et les membres de la commission de surveillance auront accès auprès des condamnés, aux heures qui seront déterminées par le règlement de la maison.

Art. 28. Pourront être autorisés à visiter les détenus : 1° leurs parents ; 2° les membres des associations de charité et de patronage régulièrement autorisées ; 3° les agents des travaux ; 4° toutes autres personnes ayant une permission spéciale du préfet du département.

Art. 29. Deux heures au moins par jour seront réservées aux condamnés pour l'école, les visites ci-dessus indiquées, enfin pour la lecture des livres dont le choix sera déterminé par le préfet, sur la proposition de la commission de surveillance.

Art. 30. La lecture et le travail ne pourront être refusés aux condamnés, si ce n'est à titre de punition temporaire. .

Art. 31. Les condamnés aux travaux forcés, à la reclusion et à l'emprisonnement ne seront soumis aux conditions prescrites par l'article 21, que lorsque le fait qui aura donné lieu à la poursuite sera postérieur à la promulgation de la présente loi.

Art. 32. Jusqu'à ce que toutes les prisons nécessaires à l'établissement du régime prescrit par la présente loi aient été construites, des ordonnances royales insérées au Bulletin des lois détermineront, au fur et à mesure de la construction desdites prisons, les ressorts judiciaires dont les condamnés seront soumis à ce régime.

Art. 33. Les tribunaux continueront à appliquer les peines fixées par les lois existantes ; mais l'emprisonnement individuel sera compté, pour un quart en sus de la captivité réellement subie, aux individus condamnés, soit à l'emprisonnement, soit à la reclusion.

Art. 34. Les condamnés, lorsqu'ils auront été soumis pendant dix ans consécutifs au régime prescrit par l'article 21, seront transportés hors du territoire continental de la France, et demeureront à la disposition du Gouvernement jusqu'à l'expiration de leur peine, suivant un mode qui sera ultérieurement fixé par une loi spéciale.

Les tribunaux pourront, dans l'arrêt de condamnation, réduire jusqu'à cinq ans le temps durant lequel le condamné, avant d'être transporté, doit être soumis à l'emprisonnement individuel.

Art. 35. Les dispositions de l'article précédent ne seront point appliquées aux condamnés correctionnellement.

Art. 36. Les individus qui auront été condamnés pour des faits antérieurs à la promulgation de la loi dont il est parlé dans l'article 34 cesseront d'être soumis, après le terme de dix ans, au régime de la séparation pendant le jour.

Art. 37. Les condamnés septuagénaires ne seront pas soumis au régime de l'emprisonnement individuel.

Art. 38. Les dispositions de la présente loi ne sont point applicables aux individus poursuivis ou condamnés :

1° Pour crimes punis de la détention ou dont la peine est remplacée par la détention, conformément à l'article 17 du Code pénal;

2° Pour délits réputés politiques, aux termes de la loi du 8 octobre 1830;

3° Pour délits commis, soit par la voie de la presse, soit par tous autres moyens de publication énoncés en l'article 1er de la loi du 17 mai 1819.

La présente loi n'est pas non plus applicable aux condamnés pour contravention de simple police.

TITRE IV. — *Dépenses des prisons.*

Art. 39. Les dépenses de construction et d'appropriation des prisons destinées aux inculpés, prévenus et accusés, et aux condamnés à un an d'emprisonnement et au-dessous, sont à la charge des départements.

Une somme annuellement déterminée par la loi de finances sera accordée, à titre de subvention, aux départements qui feront des dépenses de construction et d'appropriation pour l'exécution de la présente loi.

ART. 40. Sont également à la charge des départements les dépenses des prisons dites *chambres* ou *dépôts de sûreté*, destinées au transfèrement des prisonniers.

. ART. 41. Les dépenses ordinaires des prisons mises à la charge des départements, sont :

1° Les frais d'entretien et de réparation quelconque des bâtiments;

2° Les frais de garde, d'administration, de greffe, de nourriture, de mobilier, de blanchissage, de chauffage et autres menues dépenses; les vêtements des condamnés; ceux des accusés et des prévenus, lorsqu'il y aura nécessité d'y pourvoir;

3° Les frais d'infirmerie et les journées d'hôpital pour les détenus malades;

4° Enfin, les frais que pourront exiger l'organisation du travail et l'instruction élémentaire, morale et religieuse.

La portion du produit du travail des condamnés à l'emprisonnement d'un an et au-dessous qui ne leur serait pas attribuée, conformément à l'article 24, appartiendra au département.

ART. 42. Sont à la charge de l'État les dépenses de construction et d'appropriation et les dépenses ordinaires des maisons établies par les articles 13, 14, 15, 16, 17 et 18.

ART. 43. Sur la demande des communes, le ministre pourra autoriser la réunion, dans un même local, de diverses espèces de prisons municipales et départementales; dans ce cas, le conseil général du département déterminera la somme que les communes devront fournir pour leur part, dans les frais de construction, de réparation et d'entretien.

TITRE V. — *Dispositions générales.*

ART. 44. Le préposé en chef à l'administration d'une prison, sous le titre de directeur ou tout autre, sera soumis aux obligations prescrites par les articles 607, 608, 609 et 610 du Code d'instruction criminelle.

Les dispositions des articles 230, 231 et 233 du Code pénal lui seront applicables, ainsi qu'aux autres fonctionnaires attachés à l'administration des prisons.

ART. 45. En cas de menaces, injures ou violences commises par un prisonnier, ou de toute autre infraction au règlement de la maison, les moyens que le préposé en chef pourra employer seront :

1° La cellule obscure pendant cinq jours au plus;

2° La privation du travail;

3° La mise au pain et à l'eau pendant cinq jours au plus;

4° Une retenue sur la part qui lui aurait été allouée sur les travaux ou sur son dépôt d'argent à la caisse de la maison;

5° L'interdiction de communiquer avec ses parents et amis.

Le préposé en chef pourra employer tout ou partie de ces moyens de correction, selon les cas.

Il pourra, de même, ordonner la mise aux fers, en cas de violence grave ou de fureur.

Dans tous les cas, il en rendrait compte dans le délai et selon les formes qui seront déterminés par une ordonnance du Roi portant règlement d'administration publique.

Chaque mois, le préposé en chef de la maison rendra compte par écrit au procureur général des punitions disciplinaires qui auront été infligées aux prisonniers.

ART. 46. Il n'est point innové à l'action de l'autorité judiciaire sur les prisons, dans les cas prévus par les lois et règlements.

ART. 47. Sont abrogés le premier paragraphe de l'article 613 et l'article 614 du Code d'instruction criminelle.

ART. 48. Il sera rendu compte annuellement aux Chambres de l'exécution et des résultats de la présente loi.

Donné au palais de Neuilly, le 10 juin 1844.

Signé LOUIS-PHILIPPE.

Par le Roi :

Le Ministre Secrétaire d'État au département de l'intérieur,

Signé DUCHATEL.

CIRCULÀIRE

DE M. LE MINISTRE DE L'INTÉRIEUR,

DU 1er JUILLET 1844.

Monsieur le Préfet, je vous ai fait l'envoi, il y a peu de temps, du projet de loi sur les prisons, adopté par la Chambre des Députés, et que j'ai présenté le 10 juin à la Chambre des Pairs. Comme il est certain qu'il ne recevra pas, cette année, la sanction législative, j'ai pensé qu'il pourrait être utile de profiter de ce retard pour se livrer à une étude approfondie du projet, tel qu'il est sorti des résolutions de la Chambre élective.

Je viens vous prier, Monsieur le Préfet, de vous livrer à cette étude, principalement en ce qui concerne l'administration et la police des prisons, les dispositions du projet qui modifient plus ou moins notre système pénal intéressant particulièrement l'autorité judiciaire. Je pense que vous feriez bien de demander leurs observations à MM. les maires des villes où sont situées des maisons d'arrêt, de justice et de correction, ainsi qu'aux directeurs des maisons centrales de détention, si votre département est du nombre de ceux où sont situées ces grandes prisons pour peine. Mais je dois expliquer que c'est votre opinion seule et vos propres observations que je tiens à connaître. Prenez d'ailleurs tout le temps nécessaire pour faire un examen sérieux des dispositions du projet de loi qui touchent de près ou de loin à l'action de l'autorité administrative; de celles qui, suivant vous, auraient besoin d'être modifiées; des difficultés que la nouvelle loi vous semblerait devoir rencontrer dans son exécution; enfin des lacunes qui peuvent y exister. Dans une matière aussi importante, nous ne devons rien négliger pour éclairer parfaitement la discussion qui se prépare à la Chambre des Pairs, et je compte principalement sur MM. les Préfets pour m'aider à atteindre ce but en ce qui me concerne.

Vous aurez soin de classer vos observations dans l'ordre même des chapitres du projet.

Vous êtes libre, Monsieur le Préfet, de ne m'adresser votre travail que dans la première quinzaine d'octobre.

Recevez, Monsieur le Préfet, l'assurance de ma considération très-distinguée.

Le Ministre Secrétaire d'État de l'intérieur,

Signé T. DUCHATEL.

OBSERVATIONS
DE MM. LES PRÉFETS

SUR LE PROJET DE LOI,

DANS SES RAPPORTS

AVEC L'ADMINISTRATION ET LA POLICE DES PRISONS.

––––––––––––––

ART. 2 DU PROJET DE LOI.

Des ordonnances royales portant règlement d'administration publique détermineront le mode de surveillance des prisons, les attributions respectives, en ce qui les concerne, des préfets, des maires et autres délégués de l'autorité administrative, la composition et les attributions des commissions de surveillance qui seront constituées dans chaque arrondissement.

Les premiers présidents et les procureurs généraux seront membres de droit de toutes les commissions de surveillance de leur ressort.

Les présidents et procureurs du Roi seront membres de droit des commissions de surveillance de l'arrondissement.

Deux membres du conseil général et deux membres du conseil d'arrondissement feront partie de chaque commission de surveillance.

AIN.

La désignation de quelques membres de droit des commissions de surveillance, faite par cet article, semble impliquer la nécessité de dire que les préfets et les sous-préfets président ces commissions toutes les fois qu'ils assistent aux réunions.

Deux membres du conseil général et deux membres du conseil d'arrondissement faisant partie de droit de chaque commission de surveillance, c'est trop. Il ne faut dans ces commissions que des membres résidant dans la localité, et dans beaucoup de chefs-lieux d'arrondissements il n'y a pas de membres du conseil général, et quelquefois même pas de membres du conseil d'arrondissement habitant la ville. D'ailleurs, les membres résidants ne sont pas toujours disposés à accepter ces fonctions. On est alors forcé de désigner des membres étrangers à la localité, qui ne se rendent jamais aux

1.

réuni)ns, et qu'on ne peut même pas toujours convoquer en temps utile. Il faut aussi éviter de rendre ces commissions trop nombreuses, autrement chaque membre se repose sur le zèle des autres, et personne ne se rendra plus aux assemblées.

La désignation des membres qui entreront dans la composition des commissions de surveillance semblerait du domaine des ordonnances réglementaires. Dans tous les cas, il importe de déterminer à qui appartiendra la désignation des membres du conseil général et du conseil d'arrondissement. Ce droit devrait appartenir à l'administration.

AISNE.

Il paraîtrait convenable que, comme dans les anciens règlements, les préfets et les sous-préfets fussent présidents-nés des commissions de surveillance, et que des citoyens notables, résidant dans le lieu même où se trouvent les prisons, fussent choisis pour en faire partie; l'adjonction de deux membres du conseil général et de deux membres du conseil d'arrondissement n'offrira aucun avantage, en ce que ces membres résident rarement au chef-lieu, et que d'ailleurs l'expérience a prouvé qu'ils se rendent avec peu d'exactitude aux réunions des comités supérieurs d'instruction primaire. Cette disposition ne paraîtrait donc devoir être obligatoire qu'à l'égard des membres ayant leur domicile au lieu même où est située la prison.

ALPES (BASSES-).

Le dernier paragraphe de l'article 2 veut que deux membres du conseil général et deux membres du conseil d'arrondissement fassent partie de chaque commission de surveillance. Cette disposition peut, dans certaines localités, entraver la formation des commissions; il est plus d'un chef-lieu d'arrondissement où l'on ne trouve pas deux membres du conseil général et deux membres du conseil d'arrondissement qui y résident. On serait alors dans le cas de nommer des membres des deux conseils dont la résidence serait ailleurs qu'au chef-lieu, et il est positif que jamais ils n'assisteraient aux réunions. Les membres des commissions de surveillance doivent indispensablement avoir leur résidence habituelle dans la localité; il sera donc à propos d'ajouter au dernier paragraphe de l'article 2 une disposition dans ce sens, que les membres de la commission de surveillance pourront être choisis parmi les notabilités, lorsque les deux membres du conseil général et deux membres du conseil d'arrondissement n'auront pas leur demeure habituelle dans la commune où est située la prison.

ALPES (HAUTES-).

Dans les petites villes surtout, l'institution de commissions de surveillance est plutôt une entrave qu'un auxiliaire utile à l'administration. Cette assertion paraîtrait incroyable si l'expérience n'était là pour en démontrer la rigoureuse exactitude. On ne peut se faire une idée de la difficulté qu'on éprouve à réunir les membres de ces assemblées, et de l'indifférence qu'ils apportent dans l'étude et la discussion des affaires qui leur sont soumises. Au reste, l'influence locale a trop d'empire sur la plupart de ces hommes, et leur concours devient alors un embarras. Il convient donc de restreindre autant que possible le nombre et l'action de ces commissions, afin de laisser à l'autorité plus de liberté dans l'exercice de ses droits.

ARDENNES.

MM. les premiers présidents voudront sans doute exercer sur les commissions de surveillance une action quelconque, et cette action sera d'autant plus forte qu'ils tiendront leur pouvoir de plus haut. Si, à l'inamovibilité de leurs fonctions de magistrats, ils joignent l'inamovibilité spéciale que leur concède le projet de loi, leur intervention deviendra souvent une source de conflits.

L'article 15 de l'ordonnance royale du 9 avril 1819 s'exprime en ces termes :

« Le premier président et le procureur général, dans les villes où siége une cour « royale, seront de droit membres supplémentaires des commissions des prisons « départementales, qui seront présidées par le préfet dans le chef-lieu de son dé- « partement, et par les sous-préfets dans les chefs-lieux d'arrondissement. »

Ainsi, de toute manière, le préfet, dans le chef lieu de son département, et le sous-préfet, dans le chef-lieu de son arrondissement, sont de droit présidents des commissions. Or, il résulte du nouvel article du projet que le premier président, se transportant dans un chef-lieu de département ou dans un chef-lieu d'arrondissement, fera de droit partie des commissions. Si la présidence doit appartenir à l'administrateur, comme tout donne lieu de le penser, au moins faudrait-il que la loi le déclarât d'une manière formelle, afin de prévenir toute discussion.

Il ne sera pas toujours possible de trouver deux membres du conseil général ni deux membres du conseil d'arrondissement qui résident au chef-lieu d'arrondissement, pour être aptes à faire partie de chaque commission de surveillance.

AVEYRON.

Il y aura un grand parti à tirer de ces commissions, moins pour la surveillance proprement dite des prisons, fort simplifiée par le régime cellulaire, que dans l'intérêt de la réforme des prisonniers, que pour arriver à faire participer à cette réforme le plus de monde et le plus de moyens possibles. Ne serait-il pas dès lors à propos de déposer dans la loi, en termes directs et impératifs, pour les maisons d'arrêt, non moins que pour les maisons de condamnés, le principe de ce nouvel et important ordre d'attributions des commissions de surveillance?

CANTAL.

La loi n'aurait pas dû déterminer avec autant de détail la composition des commissions. Si le président et le procureur du Roi, deux membres du conseil général, deux membres du conseil d'arrondissement, le préfet ou sous-préfet, et en outre le premier président et le procureur général font partie de la commission de surveillance, il deviendra impossible à l'administration d'y faire entrer un certain nombre d'autres personnes qui, par leur position particulière, leurs goûts, leurs habitudes de charité et de bienfaisance, y seraient plus utiles que tous les fonctionnaires que la loi y aura placés. C'est dans la composition de ces sortes d'associations qu'il faut laisser un peu de latitude aux autorités placées sur les lieux. Elles seules peuvent tirer parti des ressources infiniment variables qui peuvent se présenter dans les diverses localités.

CHARENTE - INFÉRIEURE.

L'ordonnance royale du 9 avril 1819, qui a institué des commissions des prisons départementales, a, sans nul doute, créé d'utiles auxiliaires à l'administration, et cette institution, dont il ne faut pas cependant s'exagérer l'utilité, ne présentait du moins aucun inconvénient. On craint qu'il n'en soit pas de même d'une commission de surveillance créée par la loi elle-même, et dont l'action s'exercera sur les maisons de travaux forcés et de reclusion. Quelque honorables et haut placés que soient les citoyens qui la composent, et précisément à raison de leur position éminente, on redoute que l'autorité du directeur n'en reçoive une atteinte fâcheuse. Il est indispensable, pour que le désordre ne puisse s'introduire dans des établissements de ce genre, pour qu'une discipline suffisante retienne tout le monde dans le devoir, que l'autorité du directeur soit très-grande, et impose, par son caractère absolu, à ses subordonnés et aux détenus. Tout ce qui peut amoindrir l'opinion que ceux qui y sont soumis doivent avoir de la puissance du directeur doit être écarté, et dès lors on considère la commission de surveillance comme incompatible avec le régime *des maisons de travaux forcés et de reclusion.*

· D'ailleurs, comment cette commission fonctionnera-t-elle? On conçoit qu'elle visite une prison où les détenus sont divisés par catégorie, mais il paraît bien difficile qu'elle voie par elle-même, qu'elle interroge, qu'elle surveille quatre à cinq cents prisonniers renfermés dans un établissement cellulaire. La commission se fera-t-elle ouvrir chaque cellule l'une après l'autre? Si elle le fait, cette opération sera longue, et ne se fera pas sans que l'ordre de la maison en souffre. On doute même que les présidents, procureurs du Roi, membres des conseils généraux et d'arrondissement, se livrent à ces longues et fatigantes investigations.

Si l'on objectait que c'est repousser toute surveillance des établissements où elle est le plus nécessaire, on répondra que le maire, le préfet, le sous-préfet, le procureur général, le procureur du Roi, le président du tribunal, le premier président de la cour et les inspecteurs généraux des prisons, paraissent bien aptes et bien suffisants pour exercer cette surveillance. Pour ces fonctionnaires, l'entrée dans les maisons des travaux forcés et de reclusion doit toujours être libre. Leur action individuelle est aussi efficace et n'a pas les inconvénients d'une commission, d'un corps collectif qui, ordinairement, fait peu, et qui quelquefois veut trop faire. On ne verrait même aucun inconvénient à ce que tout détenu pût adresser au préfet, sous cachet, sans que nul puisse en prendre connaissance, mais par l'intermédiaire du directeur, toute plainte qu'il aurait à former. Cette lettre cachetée serait immédiatement remise au préfet, qui y donnerait telle suite que de droit.

On n'a pas confondu, avec intention, *les maisons d'emprisonnement* avec celles mentionnées dans les articles 13 et 14 du projet de loi, parce qu'ici l'autorité des directeurs ou du préposé en chef n'a pas besoin d'être aussi forte que dans les autres. Dans les premières, l'action de la commission peut avoir des résultats positifs, et les inconvénients de son existence à côté de l'autorité des directeurs ne peuvent être aussi réels que dans les maisons des travaux forcés et de reclusion.

On pense que le maire devrait être également membre de droit de la commission.

Quant au préfet, que le projet de loi ne désigne pas non plus comme membre de droit, on doit supposer que, comme l'avait disposé l'ordonnance royale du 9 avril 1819, le règlement d'administration publique lui en attribuera la présidence; autrement cette exclusion serait un non-sens inconcevable et inexplicable, car pourquoi écarterait-on de ces commissions les préfets qui, dans les départements, sont les représentants immédiats du ministre, sous l'autorité duquel sont placées toutes les prisons affectées aux détenus non militaires?

DROME.

L'article 2, relatif aux autorités préposées à la surveillance des prisons, ne comprend pas le préfet et les sous-préfets parmi les membres de droit des commissions. Les ordonnances royales portant règlement d'administration publique qui doivent régler les attributions des préfets, sous-préfets, maires, donneront sans doute aux uns et aux autres cette qualité.

EURE.

L'article 2, qui traite de la composition des commissions de surveillance, semble avoir rendu cette mesure applicable aux maisons de travaux forcés, de reclusion, etc. Sans doute, l'action de la commission pourra produire de bons effets près des prisons départementales, mais je ne pense pas qu'il en soit de même près des maisons centrales, et je ne vois aucune nécessité d'y en attacher.

EURE-ET-LOIR.

Il me semble que le juge d'instruction devrait être appelé, par la loi, à faire partie de la commission de surveillance. Son contact fréquent avec les prévenus le met à même de connaître leurs antécédents, de sentir leurs besoins, d'obtenir leur confiance. Il ne doit donc pas rester étranger aux tentatives qu'on doit faire pour moraliser les détenus, même quand ils ne sont que prévenus ou accusés.

FINISTÈRE.

Je crois qu'il conviendrait de n'appeler les membres du conseil général et des conseils d'arrondissement dans ces commissions qu'autant qu'ils résideraient dans la ville même où la prison serait située. Autrement on peut tenir pour certain que la plupart des membres du conseil général et du conseil d'arrondissement non résidant dans cette ville, qui seront appelés à faire partie des commissions de surveillance, ne viendront que très-rarement et peut-être pas du tout aux séances de ces commissions, et alors ils y tiendront inutilement une place que d'autres pourraient occuper avec avantage.

GARD.

Dans l'état présent des choses, beaucoup de personnes se regardent comme autorisées à exercer une certaine autorité sur les prisons; les officiers du parquet, sous prétexte qu'ils sont chargés de veiller à l'exécution des jugements, revendiquent le droit d'entrer, quand bon leur semble, dans les prisons pour peine, et de faire comparaître au greffe les prisonniers qu'il leur plaît d'interroger. Les présidents d'assises et les juges d'instruction trouvent dans les visites périodiques qui leur sont imposées par la loi, une raison suffisante pour intervenir dans des questions de régime intérieur qui devraient leur rester étrangères; les maires puisent dans l'article 613 du Code d'instruction criminelle le droit d'exercer, j'allais dire de monopoliser entre leurs mains la police de ces maisons. Cet article leur confie jusqu'au soin de veiller à ce que la nourriture des prisonniers soit saine, ce qui est, au fond, d'une application assez difficile, car l'entretien des prisons pèse sur les budgets départementaux; les maires n'ont aucune qualité pour s'immiscer dans le règlement des dépenses qui ressortissent à ces budgets, d'où suit qu'on leur donne d'un côté l'omnipotence, et qu'on leur refuse, d'autre part, les principaux moyens d'action.

Il est désirable qu'on profite de la loi nouvelle pour mieux réglementer les attributions de ces diverses autorités, et qu'on pose en principe.

A l'égard de l'autorité judiciaire:

Que son droit d'examen n'existe que sur les maisons d'arrêt ou de justice, et dans ces maisons que sur les personnes des détenus et en vue de l'instruction dirigée contre ceux-ci, jamais sur les questions du régime intérieur ;

Qu'elle doit rester complétement étrangère aux maisons pour peine : d'où résulterait dans la pratique qu'elle ne saurait prétendre à donner des ordres directs aux directeurs ou gardiens, à correspondre officiellement avec eux, sans passer par l'intermédiaire de la préfecture, encore moins à employer avec eux un langage dur qui porte atteinte à leur considération.

A l'égard des maires, je m'empresse de reconnaître que le projet de loi, en abrogeant le premier paragraphe de l'article 613 du Code d'instruction criminelle, donne pleine satisfaction au vœu que les hommes spéciaux avaient depuis longtemps exprimé. On a compris que leur droit d'agir ne devait pas dériver d'un article du Code d'instruction criminelle, mais seulement des instructions ministérielles. Ils agiront désormais comme délégués du pouvoir central sous l'autorité du préfet, comme le préfet sous celle du ministre. Il était contraire aux vrais principes de conférer aux maires un droit absolu de police sur des maisons qui ressortissent à l'administration supérieure et ne sont point alimentées sur les budgets municipaux.

La composition des commissions de surveillance devrait être modifiée. L'élément judiciaire y domine trop. Les membres de droit y sont appelés en trop grand nombre, il aurait suffi de désigner les chefs de la cour royale au chef-lieu de chaque ressort; les chefs du tribunal civil partout ailleurs, plus un seul membre du conseil général, et, si on le juge indispensable, ce que je ne regarde point comme tel, un membre du conseil d'arrondissement.

Les membres de droit doivent être aussi peu nombreux que possible dans les commissions : les meilleurs commissaires sont ceux qui ont une aptitude et pour ainsi dire une vocation spéciales : ces hommes sont fort rares, et nous risquerons beaucoup de n'en pas découvrir si nous sommes obligés de les chercher dans des catégories officielles.

GARONNE (HAUTE-).

Les prisons sont départementales : à ce titre, elles doivent être placées sous la juridiction et l'inspection spéciales du préfet. Le maire ne peut exercer sur tout ce qui se rapporte, soit aux bâtiments, soit au régime de la prison, qu'un pouvoir délégué, sans action qui lui soit propre, mais toujours soumis à l'autorité préfectorale. Le règlement général du 30 octobre 1841, en donnant des pouvoirs égaux, soit aux maires, soit aux commissions de surveillance, soit aux préfets, a nécessairement fait naître entre ces diverses autorités des occasions de conflit. Il semble que la loi nouvelle ait voulu remédier à cet inconvénient, en décidant, dans l'article 2, que des ordonnances royales, portant règlement d'administration publique, détermineront le mode de surveillance des prisons, les attributions *respectives, en ce qu les concerne*, des préfets, des maires et *autres délégués* de l'autorité administrative. Il faut seulement que le même principe se retrouve jusque dans les moindres détails du règlement; il faut que le règlement tout entier soit conçu dans cette pensée, que tous les pouvoirs doivent être distincts et qu'ils doivent tous se résumer dans celui du préfet, sauf les cas graves et rares où l'action élevée du ministre pourrait être nécessaire.

S'il y a lieu d'appeler des fonctionnaires, et des fonctionnaires d'un certain ordre, dans les commissions de surveillance, il importe cependant d'y laisser le plus grand nombre de places à la disposition des hommes de loisir, qui auront plus de liberté que les magistrats pour vaquer à des occupations qui acquièrent une grande importance, et qui, pour être utiles, demandent du temps et des soins.

Les sociétés de patronage sont peu connues en France. La loi veut sans doute les encourager; or, on ne peut pas se dissimuler que c'est dans le sein des commissions de surveillance qu'elles prendront naissance, si ces commissions sont composées d'hommes pour qui ces fonctions deviennent une occupation principale.

GIRONDE.

Les membres de droit des commissions de surveillance paraissent être en trop grand nombre pour les arrondissements. A Lesparre, par exemple, il ne réside aucun des membres du conseil général. Il semble nécessaire d'établir une différence entre la composition de la commission au chef-lieu de département, où toutes les catégories de détenus sont réunies, et celles des arrondissements, où les prisons contiennent en moyenne cinq ou six individus.

HÉRAULT.

En général, les commissions de surveillance sont composées d'un trop grand nombre de membres et remplissent mal leur mission. Le dernier paragraphe de l'article 2 me paraît propre à aggraver cet inconvénient et à entraver de bons choix en y introduisant de plein droit, dans chaque arrondissement, quatre membres des conseils de département et d'arrondissement. Il vaudrait mieux laisser une entière latitude pour le choix des membres et ne charger de cette surveillance qu'un petit nombre de personnes choisies avec soin. On peut être un excellent membre du conseil général et n'avoir ni le zèle, ni la direction d'esprit nécessaires pour accomplir avec fruit une pareille tâche.

ILLE-ET-VILAINE.

La loi étant entrée dans le détail de la composition des commissions de surveillance des prisons, et ayant désigné quelques fonctionnaires comme devant en faire partie de droit, il semble convenable qu'elle dise aussi que les préfets et les sous-préfets en seront les présidents.

Il ne sera pas toujours facile de trouver deux membres du conseil d'arrondissement qui aient leur résidence dans le lieu de la prison, et qui acceptent, avec l'intention de s'en occuper sérieusement, les fonctions de membres de la commission de surveillance. Un seul membre de chaque conseil suffirait.

Les maires sont, en général, beaucoup trop faciles et trop faibles pour qu'il puisse leur être accordé autant de pouvoir qu'ils en ont eu jusqu'à présent sur la police de la prison. Si l'on ne veut pas que des exceptions aux règlements aient continuellement lieu, quant aux visites, au régime alimentaire, etc., dans les cas les moins favorables, et par des considérations de personnes, il faut réduire considérablement les attributions des maires.

INDRE.

Dans ce département, les maires ne s'occupent en aucune façon de la police des prisons et ne font point les visites auxquelles ils sont tenus. Il suffirait de les appeler à faire partie, comme membres de droit, de la commission de surveillance.

Les sous-préfets me paraîtraient devoir être désignés nominativement après les préfets.

Dans l'Indre, sur quatre chefs-lieux d'arrondissement, un seul est appelé à élire deux membres du conseil général; les trois autres n'en élisent qu'un seul. Il ne faut pas espérer qu'un conseiller viendrait d'un canton voisin pour délibérer avec la commission au chef-lieu d'arrondissement. Je pense qu'il serait convenable d'introduire seulement dans la commission un membre du conseil général et un membre du conseil d'arrondissement.

INDRE-ET-LOIRE.

On ne doit pas, en général, beaucoup compter sur un concours suivi des membres du conseil général et du conseil d'arrondissement. Ils ont leurs affaires. Il faut avoir la latitude de faire choix, pour composer la commission de surveillance, des personnes qui ont du loisir et de la vocation.

ISÈRE.

Je ne puis préjuger les dispositions qui seront arrêtées par les ordonnances. Je désirerais, d'ailleurs, que la loi indiquât que ces ordonnances fixeront les attributions, non-seulement comme la mention en est faite, des préfets, des maires et autres délégués de l'autorité adminsitrative, mais également des *sous-préfets*. Il convient que ces derniers administrateurs conservent de droit, dans leur arrondissement, la présidence

2.

des commissions de surveillance, car ces institutions cesseraient bientôt de remplir leur mission, si elles n'étaient maintenues en haleine par un fonctionnaire actif et vigilant. L'expérience apprend qu'il faut, en général, peu compter sur les fonctionnaires non salariés et sur les commissions gratuites. Si l'on trouve quelquefois des maires et des membres de commissions de surveillance exacts et empressés, ce n'est qu'une rare exception.

JURA.

Il suffirait peut-être qu'un seul membre du conseil général et du conseil d'arrondissement fît partie de chaque commission de surveillance. Il peut arriver qu'il n'y ait au chef-lieu judiciaire qu'un seul membre de l'un et de l'autre conseil. Le second conseiller qui serait appelé dans la commission n'étant pas alors sur les lieux, sa coopération sera à peu près nulle. D'un autre côté, l'obligation de nommer deux membres de chaque conseil restreindrait nécessairement le choix de l'administration. Le concours serait plus assuré et plus efficace par un seul conseiller résidant au chef-lieu judiciaire, et connu par son zèle éclairé et son activité.

LOIRE.

Si l'on veut que les commissions de surveillance exercent une action réelle et fassent un service sérieux, il ne faut presque pas compter sur les membres de droit, et il faut y faire entrer assez de gens actifs et dévoués pour que le service ne soit pas une charge trop lourde.

HAUTE-LOIRE.

Bien que la composition, et par conséquent la présidence des commissions soient réservées par les dispositions de cet article, je pense qu'il serait convenable, afin d'éviter tout conflit ultérieur, surtout dans les chefs-lieux de département qui sont le siége d'une cour royale, de décider en principe, dans la loi elle-même, la question de la présidence, et de l'attribuer au préfet dans le chef-lieu du département, et au sous-préfet dans les chefs-lieux d'arrondissement.

Le projet de la loi introduit deux membres du conseil général et deux membres du conseil d'arrondissement, dans les commissions de surveillance; il me semble que ce serait assez d'un membre de chacune de ces assemblées, et qu'il n'y a ni nécessité ni utilité à rendre ces commissions si nombreuses. D'ailleurs on ne trouvera pas partout, sur les lieux, quatre membres des conseils électifs; on sera donc obligé d'en prendre dans les cantons ruraux, et il est à peu près certain que ces derniers conseillers ne se déplaceront pas, ou qu'ils assisteront très-rarement aux séances de la commission.

LOIRE-INFÉRIEURE.

Le titre 1ᵉʳ de la loi projetée ne fait à peu près que conférer au Gouvernement le droit de réglementer les prisons. Le cercle tracé est large, et c'est une sage disposition, car la loi ne peut, sans de graves inconvénients, entrer dans de minutieux détails. L'intervention des conseillers de département et d'arrondissement sera seulement honorifique, en général, car dans la plupart des chefs-lieux d'arrondissement on trouvera difficilement deux conseillers d'arrondissement, et surtout deux conseillers de département, mais ce sera un droit, un titre, et cela sera bien reçu par les conseils électifs.

LOIRET.

Cet article devrait dire que les préfets président de droit toutes les commissions de surveillance de leur département, et les sous-préfets celles de leur arrondissement. Le silence de la loi ne serait pas suffisamment suppléé par les prescriptions ultérieures des ordonnances royales portant règlement d'administration publique. Il faut que les droits de l'administration à cet égard ne puissent être ni contestés, ni révoqués en doute.

Je reconnais qu'il y aurait convenance à appeler deux membres du conseil général et deux membres du conseil d'arrondissement à faire partie de ces commissions, mais on n'en aura pas toujours la possibilité. Pour faire utilement partie de ces commissions, il faut nécessairement résider au chef-lieu de l'arrondissement. Or, par suite du mode de nomination des conseillers de département et d'arrondissement, on en trouve rarement quatre qui demeurent au chef-lieu. Nommer membres de la commission de surveillance ceux qui habitent le campagne (et c'est le plus grand nombre), ce serait leur conférer un titre purement honorifique. Les membres du conseil général se plaignent déjà d'être appelés trop souvent au chef-lieu, d'être trop fréquemment dérangés de leurs affaires personnelles.

Dans maintes circonstances où leur concours est nécessaire pour les réunions des comités supérieurs de l'instruction primaire, pour les commissions d'enquête, pour les adjudications, pour compléter le nombre des conseillers de préfecture et pour former les conseils de révision, nous avons déjà beaucoup de peine à décider les membres du conseil général ou des conseils d'arrondissement à se déplacer ; que sera-ce si l'on vient à augmenter leurs attributions ?

Je désirerais donc qu'on supprimât le dernier alinéa de l'article 2 du projet de loi, pour rendre purement facultative, dans les commissions de surveillance des prisons, l'admission des membres du conseil général et du conseil d'arrondissement.

Je crois qu'il serait également utile, pour prouver qu'on veut appeler a religion pour moraliser les détenus, d'inscrire dans la loi que l'un des curés de la ville où se trouve la prison fera partie de la commission de surveillance.

LOT.

Aux membres de droit des commissions de surveillance d'arrondissement, il serait bien, je crois, d'ajouter les juges d'instruction. Souvent ces commissions auront à demander des renseignements sur la position sociale d'un détenu, sur ses antécédents, sur sa moralité, sur la cause de son arrestation ou de sa condamnation : qui pourrait mieux les fixer sur tous ces points que le magistrat qui a fait l'instruction, et qui, par sa correspondance avec les autorités locales, doit connaître si parfaitement le personnel des prisons ?

LOT-ET-GARONNE.

Il faudrait, à mon avis, ajouter à la nomenclature des membres de droit les maires des villes où se trouvent les prisons, car on ne saurait trop honorer des fonctionnaires gratuits dont le concours est si utile.

J'ajouterai qu'il convient que l'administration conserve la plus grande latitude pour la composition des commissions dont il s'agit. Ceux qui se sont occupés pratiquement de la question savent que, sans l'intervention de l'autorité administrative, et sa prépondérance dans le sein de ces commissions, la surveillance serait à peu près illusoire : l'influence du pouvoir exécutif ne doit donc pas être affaiblie par la fixation d'un trop grand nombre de membres-nés de ces commissions.

MAINE-ET-LOIRE.

Par qui seront désignés les deux membres du conseil général et ceux du conseil d'arrondissement ? La loi ne le dit pas; mais il importe que l'ordonnance réglementaire réserve ce choix à l'administration.

MANCHE.

L'utilité des commissions de surveillance ne saurait être mise en doute; mais l'expérience a jusqu'ici démontré qu'on ne doit guère y compter. Les personnes capables ne manquent sans doute pas; chez le plus grand nombre, le temps et la volonté font défaut. On en trouve difficilement qui consentent à consacrer, d'une manière durable, quelques-uns de leurs moments à l'accomplissement des devoirs attachés au titre de membre des commissions de surveillance des prisons. Presque toujours c'est l'administration qui prépare leurs travaux ; rarement ils en prennent eux-mêmes l'initiative. La loi peut consacrer leur institution ; mais, au fond, l'état des choses restera tel qu'il est. Les commissions de surveillance n'existeront dans la plupart des localités que pour la forme.

MARNE.

On se demande pourquoi, dans cette nomenclature, on a omis le nom des *sous-préfets*, qui sont aujourd'hui présidents de droit de toutes les commissions de surveillance des maisons d'arrêt établies au chef-lieu des arrondissements autres que l'arrondissement chef-lieu, et auxquels doivent nécessairement être réservées une position semblable dans les nouvelles commissions, et une portion notable de l'autorité à exercer sur ces établissements. A-t-on pensé qu'ils étaient suffisamment compris sous cette expression générique : *Délégués de l'autorité administrative?* Mais il faut craindre d'amoindrir leur caractère et de diminuer leur influence, en les plaçant ainsi dans une position d'infériorité vis-à-vis des maires qui se trouvent par opposition mis en évidence. Ici les mots ont de la valeur, et l'autorité municipale n'a que trop de tendance à secouer la tutelle de l'autorité administrative supérieure, pour qu'on ne conserve pas à ses représentants, dans tous les degrés, le rang qui leur appartient.

Il serait désirable que leurs attributions fussent nettement déterminées, afin qu'aucun conflit ne pût avoir lieu entre eux et les commissions de surveillance.

Il conviendrait donc que le juge d'instruction fît partie de la commission de surveillance; il ne pourrait y avoir à cela qu'un inconvénient, ce serait d'introduire dans les commissions un trop grand nombre de magistrats de l'ordre judiciaire, et de diminuer par là la juste influence que l'autorité administrative doit y conserver, puisqu'aux termes de l'article 1ᵉʳ de la loi, les prisons sont placées sous son autorité.

Cet inconvénient sera atténué facilement en diminuant le nombre des membres de droit, et augmentant celui des membres dont le choix appartient exclusivement à l'administration. La réduction pourrait porter sur les membres du conseil général et du conseil d'arrondissement. Il serait souvent difficile, d'ailleurs, de trouver à la fois au chef-lieu d'arrondissement deux membres du conseil général et deux membres du conseil d'arrondissement disposés à s'occuper sérieusement de la surveillance des prisons, et il faut autant que possible s'abstenir de faire entrer dans les commissions des membres qui se dispensent d'assister à leurs réunions, car l'expérience apprend que cela décourage les autres membres, et paralyse souvent leurs bonnes dispositions. Il paraîtrait convenable que la loi déterminât le titre, le rang et les principales attributions des divers fonctionnaires et agents qui seront chargés de la direction et de la surveillance intérieure des prisons.

MOSELLE.

Les questions de préséance sont d'autant plus délicates qu'elles touchent aux personnes mêmes; elles sont, selon moi, assez importantes pour être fixées par la loi même, plutôt que par une ordonnance, qui, pouvant être modifiée à la volonté du

Gouvernement, n'a pas la même autorité qu'une loi. L'article 2 du projet qui nous occupe ne parle pas de la présidence des commissions de surveillance; il me semblerait utile de désiger à la fin du premier paragraphe l'autorité à laquelle elle appartiendra.

Le dernier paragraphe appelle à faire partie de droit de la commission deux membres du conseil général et deux membres du conseil d'arrondissement. Ainsi, chaque commission compte déjà six membres de droit, non compris le préfet ou le sous-préfet, à qui, sans doute, il est dans l'intention du Gouvernement d'en attribuer la présidence. Mais il semble résulter de l'article 1ᵉʳ que d'autres personnes entreront aussi *dans la composition* de ces commissions, et en effet c'est une chose utile, pour que, par ses choix, l'administration puisse obtenir un concours qu'elle pourrait ne pas trouver dans des *membres de droit*. Il est vrai que l'administration aura *à choisir* ceux des membres du conseil général et du conseil d'arrondissement que le paragraphe appelle à faire partie de la commission; mais, d'une part, il n'arrive pas toujours que deux membres de chacun de ces conseils résident au chef-lieu ou près du chef-lieu de l'arrondissement, et comme, pour que leur surveillance soit efficace, les commissions doivent se réunir fréquemment, il serait difficile peut-être d'obtenir de ceux qui seraient éloignés, des déplacements onéreux ou gênants. D'un autre côté, les membres qui, par leur rapprochement, pourraient assister aux réunions, auraient peut-être été élus en opposition avec l'administration, et pourraient chercher à paralyser son action; que si, pour empêcher leur présence dans les commissions, l'administration choisissait d'autres conseillers résidant au dehors, elle s'exposerait évidemment à des récriminations toujours désagréables.

A tous égards donc, la disposition du dernier paragraphe me paraît une chose fâcheuse, comme du reste, je l'avoue, toutes les admissions de *membres de droit*. Il me semble infiniment préférable de laisser à l'administration le soin de choisir des hommes qui aient le loisir, le zèle et la bonne volonté nécessaires pour lui prêter un concours utile et bienveillant. En résumé, je crois qu'il serait bon, 1° que l'article 2 attribuât la présidence aux préfets, ou sous-préfets, selon l'arrondissement, ou, en leur absence, au maire de la ville, *membre de droit* (je ne verrais aucun inconvénient à ce que ce dernier fonctionnaire fît nécessairement partie de la commission, parce qu'il est déjà, par sa qualité d'élu de l'administration, son représentant et son appui naturel, et que d'ailleurs l'article 47 du projet, en abrogeant les articles 613 et 614 du Code d'instruction criminelle, prive ce magistrat d'une attribution qu'il a exercée jusqu'à ce jour); 2° que l'on supprimât le dernier paragraphe, ou du moins que l'on réduisît à un membre du conseil général et à un membre du conseil d'arrondissement les deux membres de ces deux corps qui doivent faire partie de chaque commission de surveillance.

Je pense, d'ailleurs, que l'ordonnance qui interviendra déterminera avec précision (si, comme je le propose à l'article 45, une disposition n'est pas introduite dans la loi même) les autorités à qui les commissions devront adresser leurs rapports, de manière à éviter l'inconvenance que présentaient, dans leur application, les anciens règlements qui prescrivaient aux commissions d'adresser leurs rapports aux maires, quoique ces commissions fussent présidées par les préfets ou sous-préfets.

NORD.

Il est important de limiter avec le plus grand soin les attributions des commissions de surveillance. Rien de mieux que leur composition telle qu'elle résulte de cet article : en y adjoignant, dans chaque arrondissement, le chef du parquet et celui du tribunal; dans chaque ressort de cour royale, les deux premiers magistrats de cette cour, le projet me paraît contenir une utile disposition. C'est parmi les magistrats que se trouvent les hommes les plus éclairés en ces matières. Il est bon d'ailleurs que le juge sache ce qu'est le condamné: qu'il ne se contente pas de laisser tomber la peine sur sa tête, mais qu'il aille observer lui-même dans les prisons les effets du châtiment. Toutefois les attributions doivent être si nettement déterminées par la loi qu'il ne puisse s'établir, sur aucun point, de fâcheux conflits entre les délégués de l'administration et les commissions de surveillance.

Cette remarque m'est suggérée par l'expérience. J'ai vu que les commissions de surveillance ont une tendance marquée à excéder leur compétence, à prendre un rôle actif et à s'emparer de l'administration des prisons. S'il en était ainsi, celle-ci serait continuellement entravée dans sa marche, et le maintien d'une bonne discipline serait impossible.

Les attributions des commissions de surveillance doivent donc être *purement consultatives.*

OISE.

Les commissions de surveillance ont été instituées par l'ordonnance du 9 avril 1819, qui leur avait conféré des pouvoirs que les lois attribuent aux magistrats responsables. L'ordonnance du 25 juin leur a rendu le seul caractère qu'il me paraisse utile de leur donner, celui de corps consultatifs. Je crois important de leur laisser ce caractère. Je crois également qu'il conviendrait d'ajouter aux membres de droit de ces commissions, les maires des chefs-lieux d'arrondissement, et de décider qu'en l'absence du préfet et des sous-préfets, ils en auront la présidence : car, dans le chef-lieu, c'est avec le maire que le préfet correspond et c'est lui qu'il délègue pour tout ce qu'il ne peut faire lui-même. Une disposition semblable était consacrée par l'article 15 de l'arrêté ministériel du 20 octobre 1810. L'administration, le régime et la police intérieure sont placés, dit cet article, sous l'autorité des préfets et la surveillance des sous-préfets ; elles seront, de plus, soumises à l'inspection journalière d'un conseil gratuit et charitable de cinq membres, dont le maire du lieu sera chef ou président. Il faut remarquer que dans cet arrêté il s'agit non-seulement des prisons départementales, mais même des maisons de détention. Je regarde, en outre, comme une chose très-fâcheuse l'abrogation que fait l'article 47 du projet de loi du premier paragraphe de l'article 613 du code d'instruction criminelle, qui attribuait la police des prisons aux maires ; elle leur est enlevée et transportée au préposé en chef de la prison. L'inconvénient serait diminué sans doute si ce préposé offrait les garanties que l'on trouve nécessairement dans le maire ; mais à moins d'imposer des dépenses très-considérables de personnel aux départements, ces garanties ne pourront se rencontrer.

PYRÉNÉES-ORIENTALES.

Deux membres du conseil général et deux membres du conseil d'arrondissement ne se trouveront pas toujours en résidence dans la commune où une prison est établie.

Rarement, d'ailleurs, les membres résidants des deux conseils seront assez nombreux pour que l'administration puisse faire un choix entre eux ; le plus souvent ils seront en réalité membres de droit.

Les commissions de surveillance ont déjà quatre membres de droit. Plus elles en compteront, moins l'administration aura d'action sur elles.

Les commissions cependant sont les auxiliaires de l'administration, instituées pour la seconder et non pour la surveiller elle-même.

De l'opposition, des entraves, au lieu du concours qu'elle doit attendre, compromettraient la responsabilité établie par l'article 1er du projet de loi.

Les membres des conseils généraux et des conseils d'arrondissement sont les élus des électeurs, et non de l'administration.

Ils sont appelés dans les commissions de surveillance non comme membres des conseils, mais comme notabilités : pourquoi ne pas laisser à l'administration la faculté de choisir entre toutes les notabilités celles qu'elle jugera les plus propres à la seconder ?

Si, par des raisons de convenance, il faut placer des membres du conseil général et du conseil d'arrondissement dans la composition des commissions de surveillance, deux suffiront ; encore convient-il de dire deux membres du conseil général ou du conseil d'arrondissement, pour laisser quelque latitude au choix de l'administration.

Plus elle en aura, plus elle aura de part dans la composition des commissions de surveillance, plus elle aura de moyens de pénétrer ces commissions de son esprit et de sa pensée, plus aussi son action sera assurée et sa responsabilité garantie.

RHIN (BAS-).

Il faudrait, dans les prisons, une magistrature spéciale, assujettie à des règles tracées d'avance, beaucoup plus préoccupée de moraliser les détenus, en appliquant à chacun d'eux le régime qui conviendra le mieux à ses antécédents, à son caractère, à son tempérament, que de les classifier suivant des distinctions pénales, qui ont leur valeur au dehors de la prison, mais qui, une fois sous les verrous, se résolvent en un seul et unique besoin, celui d'améliorer le détenu et de le rendre à la société sans danger pour elle et avec avantage pour lui.

Les directeurs et les employés secondaires n'appartiennent point à une hiérarchie recrutée dans des conditions sévères d'admission, et leur avenir ne saurait satisfaire une ambition légitime. Pour relever des fonctions qui sont loin d'avoir acquis la haute considération qui doit s'y attacher, il faut plus que cela.

La régénération des prisons doit commencer par la création d'un personnel puissant, respecté, qui soit en rapport constant avec la magistrature et l'administration; armé vis-à-vis les détenus d'un pouvoir formidable qui dispose d'eux suivant les règles établies, mais avec une autorité entière, de façon à leur inspirer cette terreur salutaire à laquelle se rattachent nécessairement des espérances d'adoucissement dans leur position.

Les tribunaux, et surtout les parquets, sont chargés d'occupations trop multipliées, de soins trop graves, pour qu'il leur reste le temps de prendre des informations très-amples sur l'accusé, sa famille, sa conduite antérieure au délit qui amène sa punition. La conduite des prévenus dans les prisons spéciales, leur santé, leurs mœurs, s'ils étaient l'objet d'une attention soutenue, d'un examen sérieux, donneraient aux tribunaux des notions précieuses pour le jugement à intervenir.

Le personnel des prisons préventives, organisé d'une manière puissante, ayant à sa disposition tous les moyens de surveillance nécessaires, recueillerait avec soin tous ces détails, qui accompagneraient les détenus dans la prison où ils devraient subir leur peine.

RHIN (HAUT-).

Aux termes de cet article, deux membres du conseil général et deux membres du conseil d'arrondissement doivent faire partie de chaque commission de surveillance.

Cette disposition, il est facile de le prévoir, rencontrerait nécessairement, dans son exécution, des difficultés réelles. En effet, il est à craindre, surtout s'il doit être établi une commission près de *chaque* prison, ou que l'on ne trouve pas, dans beaucoup de localités, deux conseillers généraux et deux conseillers d'arrondissement pour entrer dans la commission, ou tout au moins que ceux non résidants qui se-

3.

raient désignés, ne puissent pas s'acquitter avec exactitude de leurs fonctions, par suite des fréquents déplacements auxquels ils seraient exposés.

Ainsi, pour éviter l'inconvénient d'introduire dans la loi une obligation qui souvent ne pourrait pas être remplie, ou qui aurait pour effet d'entraver le service, il paraîtrait nécessaire de maintenir à l'administration la faculté de choisir les membres des commissions, qui ne le sont pas de droit, parmi les citoyens notables, sans distinction de catégorie, connus par leur dévouement et en position de consacrer leurs soins à cette mission philanthropique.

SAONE (HAUTE-).

Les commissions de surveillance, telles qu'elles sont constituées, manquent du zèle nécessaire et ne remplissent qu'imparfaitement leurs fonctions. L'adjonction des membres nouveaux que la loi appelle dans ces commissions contribuera, il faut l'espérer, à rendre leur concours plus utile à l'autorité départementale. Je n'attends pas de moins bons effets de la définition plus exacte qui sera faite des attributions de ces commissions.

D'un autre côté, l'importance du concours des membres qui les composent doit s'accroître du fait seul de la séparation des détenus; et ces circonstances, j'aime à le croire, commanderont pour l'avenir plus d'activité et de dévouement. Toutefois, je considère comme utile de réserver aux préfets la faculté de proposer au choix du ministre les membres de chaque commission de surveillance, même ceux à prendre dans le conseil général et dans le conseil d'arrondissement.

SEINE. (PRÉFET DE POLICE.)

Je crois devoir faire observer, au sujet des commissions de surveillance qui doivent être instituées dans chaque arrondissement, aux termes de l'article 2, que ces commissions ne seront peut-être pas d'une grande utilité dans le département de la Seine ; que leurs attributions devront être d'ailleurs mûrement étudiées, et qu'il est à désirer, dans tous les cas, qu'elles soient définies de telle sorte qu'elles ne puissent apporter des entraves à l'action administrative.

SEINE-INFÉRIEURE.

Je regrette que cet article ne maintienne pas les dispositions actuellement en vigueur et ne porte pas que les sous-préfets seront présidents des commissions de surveillance de leur arondissement. Les prisons sont des établissements départementaux; il serait utile que les délégués des préfets fussent chargés, de préférence à tout autre fonctionnaire, de participer à la surveillance de ces établissements. Ce principe, confirmé par l'article 15 de l'ordonnance royale du 9 avril 1819, me paraît dans les analogies administratives, puisqu'en premier ordre ces fonctionnaires ont la surveillance des prisons. D'un autre côté, lorsque l'autorité ou plutôt l'influence de ces magistrats est si souvent atténuée, il me semble convenable de se servir de tous les moyens de la leur conserver ; ils veilleront plus efficacement à l'administration des prisons lorsqu'ils seront membres des commissions de surveillance ; leur action sur ces conseillers sera plus certaine s'ils en sont les présidents.

Une autre observation, c'est qu'il arrive, principalement dans les chefs-lieux d'arrondissement, que les commissions de surveillance mettent peu de zèle à remplir leurs devoirs, et comme elles ont des attributions spéciales, il y a lacune quand elles ne les exercent pas : la présence du sous-préfet aidera à cette insuffisance de zèle, et de plus elle donnera de l'unité aux vues de ces commissions.

Le dernier paragraphe porte : *Deux membres du conseil général et deux membres du conseil d'arrondissement feront partie de chaque commission de surveillance.* Je crains que cette augmentation dans le nombre des membres qui feront partie, de droit, des commissions de surveillance, ne produise un effet contraire à celui que le Gouvernement semble en attendre. Il en résulte des corps trop nombreux dans lesquels chacun compte sur l'exactitude de ses collègues, et quand les réunions ont lieu, l'esprit de délibération y surabonde. Ces inconvénients se font sentir dans toutes les commissions.

J'ajouterai qu'il faudra nécessairement prendre pour membres des commissions de surveillance les conseillers généraux ou d'arrondissement, qui représentent le canton chef-lieu, car les autres conseillers ne voudront pas faire quatre ou cinq lieues, et souvent plus, pour assister à des séances qui dureront à peine une heure, ou pour inspecter la prison. Or, les conseillers du canton chef-lieu d'arrondissement sont ceux qui sont le plus occupés, soit par les autres fonctions qu'ils remplissent, soit par leurs affaires particulières. En outre, il se peut que le membre du conseil général ou celui du conseil d'arrondissement ne réside pas au chef-lieu de l'arrondissement où se trouve toujours la prison. Je le répète, on ne peut pas s'attendre à des déplacements fréquents et périodiques, pour venir faire le service de membre d'une commission de surveillance.

Autre objection. Quand les élections auront changé le personnel des membres du conseil d'arrondissement et des conseils généraux, le membre éliminé devra cesser de droit ses fonctions ; si la philanthropie les lui a rendues agréables, son déplacement lui sera pénible, et le membre le plus utile, celui qui aura la tradition des affaires, manquera.

Je pense qu'il y aurait lieu de laisser au préfet ou au ministre la nomination des membres des commissions, et de n'admettre aucun membre de droit que le sous-préfet, le président du tribunal et le procureur du Roi. Il serait bien entendu que le choix du préfet et du ministre se porterait de préférence sur les membres des conseils électifs, mais ce ne serait plus une obligation. La nomination serait précédée par des renseignemènts qui feraient connaître si le membre proposé a les loisirs, la capacité et la bonne volonté nécessaires. Ce membre, d'ailleurs, saurait qu'il doit sa nomination à la confiance personnelle du préfet et du ministre, et non à sa position de conseiller électif et à un texte de loi pour lequel on n'est pas astreint à avoir de la déférence.

SEINE-ET-MARNE.

En ce qui concerne les maisons centrales, l'inspection ordinaire serait insuffisante, aussi bien que celle qui fait partie des devoirs habituels de l'administration départementale, notamment lorsque les maisons seront situées loin du chef-lieu du département. Multiplier les inspections faites dans un esprit de progrès uniformes, et en conséquence leur attribuer pour but la réalisation d'un système unique d'améliorations, arrêté par l'autorité centrale, tel serait à mes yeux le moyen de remplacer dans leur action les commissions de surveillance, et de les suppléer d'autant plus avantageusement, qu'elles sont plus exposées à des divergences d'opinion, à des lenteurs, à des incertitudes dans leur action. Sans doute, à cause de leur désintéressement dans les questions où les directeurs, au contraire, peuvent avoir leur intérêt engagé, elles offriraient pour l'impartialité de leurs rapports des garanties plus assurées, mais on ne pourrait en attendre les résultats qui dépendent d'une volonté ferme, persévérante et toujours conforme aux vues de l'administration supérieure.

Avec des commissions de surveillance variables dans une partie de leurs membres, l'expérience serait difficilement utilisée, tandis qu'avec une inspection rétribuée, mais forte par ses lumières, par ses intentions et par une longue habitude des maisons pénitentiaires, il sera facile de marcher d'un pas plus ferme dans la voie du progrès.

SEINE-ET-OISE.

Le succès que l'on peut espérer de cette loi repose tout entier sur la manière dont elle sera exécutée. Une grande responsabilité va peser sur l'administration, il faut donc que rien ne puisse entraver son action, et éviter surtout que la loi ne fournisse à l'autorité judiciaire la facilité d'empiéter sur l'autorité administrative. Il me semble que l'action de l'ordre judiciaire s'exercera suffisamment par la présence dans les commissions de surveillance des premiers présidents, des procureurs généraux, des présidents et des procureurs du Roi.

TARN.

La présidence des commissions de surveillance devrait, ce me semble, continuer à être dévolue aux préfets et sous-préfets, et l'article 2 devrait l'exprimer.

Ne serait-il pas bon que la loi exigeât que dans chaque prison il fût établi une infirmerie? Cette disposition, qui pourrait trouver sa place au titre II, mettrait fin à beaucoup d'abus, puisque dans certaines localités les prisonniers malades sont transférés dans des hospices qui ne peuvent, en aucun cas, être considérés comme des prisons, et d'où d'ailleurs les accusés et condamnés pourraient facilement s'évader.

TARN-ET-GARONNE.

D'après le projet (dans les arrondissements comme au chef-lieu), les commissions de surveillance ne seraient plus que de six membres.

Il me paraîtrait utile d'admettre l'adjonction de quatre notables demandée par un membre de la Chambre. Il est difficile d'obtenir une exactitude soutenue, cette adjonction serait donc d'un grand secours pour l'administration. Il serait, dans ce cas, essentiel que le droit de présentation fût réservé au préfet.

VAR.

Dans la désignation des fonctionnaires, dont les attributions respectives seraient déterminés par des ordonnances royales portant règlement d'administration publique, il n'est pas fait mention des sous-préfets; cependant tous les chefs-lieux d'arrondissement, à peu d'exceptions près, possèdent une maison d'arrêt. Il me semblerait utile, pour éviter des lenteurs, de donner aux sous-préfets, pour un très-grand nombre de cas, des attributions directes sur chaque prison de leur arrondissement.

VAUCLUSE.

Il ne faut pas se dissimuler que les membres du conseil général et des conseils d'arrondissement seront plutôt membres d'honneur que membres de fait des commissions de surveillance; l'expérience vient à l'appui de cette assertion. Il me semble qu'il faudrait composer ces commissions d'hommes qui en acceptent les devoirs avec la résolution et la possibilité de les remplir; ces hommes c'est à l'administration à les chercher, à les découvrir. D'un autre côté, il sera difficile de trouver à résidence dans certaines localités, deux membres du conseil général et deux du conseil d'arrondissement; de là, la nécessité de rendre les commissions plus nombreuses, et, selon moi, compliquer n'est pas fortifier la surveillance.

VENDÉE.

Les désignations faites par cet article sont de nature à créer, dans certains cas, des difficultés, et il me semblerait préférable de laisser aux règlements d'administration publique à intervenir, à déterminer la composition des commissions. Ce serait même le seul moyen d'éviter les membres inactifs dont l'absence peut souvent paralyser les travaux des commissions.

Il est certain, en effet, en ce qui concerne les premiers présidents et les procureurs généraux, que la désignation de ces magistrats est illusoire relativement aux prisons situées hors de leur résidence. Quant aux membres des conseils généraux et d'arrondissement, comme il arrive fréquemment qu'ils ne résident pas, en nombre suffisant, aux chefs-lieux, on obtiendra difficilement qu'ils se rendent aux réunions.

Le choix des membres des corps électifs, lorsque cela sera possible, ne pourra, d'ailleurs, qu'être avantageux, d'abord parce que les membres sont des personnes notables, et ensuite, parce que devant participer de leurs personnes à la visite des prisons, ils n'en seront que plus aptes à apprécier et à soutenir les propositions qui seront faites dans ces conseils pour l'amélioration du service.

Il me paraîtrait à désirer aussi que les maires fussent appelés de droit à faire partie des commissions des prisons situées dans leurs villes. Par leurs fonctions, les maires participent à la police des prisons, et les visites qu'ils font dans ces établissements les mettent en rapport avec les prisonniers : leur présence dans les commissions ne pourrait que contribuer à réaliser les délibérations.

VIENNE (HAUTE-).

En général, l'intervention de commissions en matière administrative est une cause d'embarras, de difficultés souvent sérieuses; elle est rarement un moyen d'action.

Sans prétendre nier toutefois d'une manière absolue l'utilité d'un pareil auxiliaire, il est bon cependant de voir ce qu'il produit à l'application.

Partout où ces commissions fonctionnent, c'est dans un but de philanthropie exagérée, et plutôt comme association de bienfaisance que comme commission de surveillance. Il arrive dès lors de deux choses l'une : si l'autorité administrative ne veut pas laisser passer et laisser faire, elle rencontre des obstacles, elle éprouve des froissements qui gênent son action et nuisent à sa marche régulière. Si, au contraire, elle est plus soucieuse de son repos que de son devoir, la charité, avec ses exagérations et ses dangers, a bientôt pris la place de la rigoureuse justice.

Mais le plus souvent, il faut bien le reconnaître, ces commissions n'existent que de nom; cela tient à la difficulté de trouver des hommes qui aient assez de dévouement et de loisir, non pas pour accepter de pareilles fonctions, mais pour les remplir avec conscience et régularité.

J'estime donc qu'en principe il vaut mieux restreindre qu'étendre le système des commissions.

Je reconnais néanmoins que l'institution peut être utilement maintenue auprès des prisons départementales dont le personnel n'offre pas toutes les garanties désirables. Mais dans les maisons centrales où les agents sont nombreux, intelligents et dévoués, ce serait renouveler les inconvénients qui en ont fait décider la suppression depuis longtemps déjà.

Je sais bien que l'on objecte les nécessités du régime cellulaire, le nombre et la fréquence des visites qu'il exigera, l'impossibilité d'y suffire avec les seuls employés rétribués. Mais c'est précisément parce qu'à cet égard les obligations de l'administration deviennent plus étroites, et que des négligences habituelles pourraient avoir de funestes conséquences, qu'il lui faudra entre les mains un moyen d'action régulier, constant, qui ne dépende ni des lieux ni des circonstances, ni du plus ou du moins de dévouement des hommes commis à cette délicate et laborieuse mission.

VOSGES.

Il y a plusieurs choses à dire l'égard des commissions de surveillance, présentées comme un des grands moyens d'action de la loi.

Je suis loin de nier le zèle et le dévouement à la chose publique des membres des conseils électifs; mais il faut reconnaître qu'avec la volonté la plus déterminée pour le bien, ils sont assez souvent, par position, par devoirs d'emploi et par d'autres causes, empêchés de répondre aux exigences d'une surveillance aussi soutenue que celle qui va devenir indispensable avec la loi nouvelle.

On ne saurait certes méconnaître le genre de considération et de respectable consistance qui naîtra de l'adjonction de membres du conseil général et du conseil d'arrondissement dans chaque commission; mais il résulte de l'observation qui précède, la très-grande nécessité d'appeler aussi, dans la composition des commissions de surveillance, des membres que l'administration soit toujours assurée de trouver à leur poste, qui ne se lasseront point de l'obligation charitable du service, et qui, après quelques mois d'exercice, ne laisseront pas mourir les institutions, c'est-à-dire, cette partie si essentielle du projet de loi, cette surveillance de tous les jours, ces relations de paternité, de charité, de bons conseils, sans lesquels le système courrait le risque de ne plus être ce qu'il doit être, et tomberait dans la sévérité de Cherry-Hill, ou dans un arbitraire d'abandon peut-être plus déplorable.

D'ailleurs, les membres du conseil général et du conseil d'arrondissement, que désigne sans doute le préfet pour faire partie des commissions, ne pourront, à moins de rares exceptions, être pris que parmi les membres de ces conseils résidant dans chaque chef-lieu.

Or, la plupart du temps, les personnes notables élues à ces conseils ont des fonctions publiques, le plus souvent judiciaires, qui déjà les mettent au nombre des membres de ces commissions.

Il résulte de ce côté un vide notable dans beaucoup de commissions; car penser à appeler leur nombre en dehors de chaque ville, ce serait ne rien faire d'efficace, et simplement remplir les cadres d'un tableau.

YONNE.

Il serait bon que les juges d'instruction, qui ont des rapports bien plus fréquents avec les détenus que les présidents de tribunaux, fussent membres de droit de la commision de surveillance

Il conviendrait encore de désigner nominativement dans la loi les sous-préfets, qui, dans le chef-lieu d'arrondissement, doivent présider les commissions de surveillance.

ART. 4.

Tous les agents préposés à l'administration et à la garde des prisons seront nommés ou révoqués par le ministre, ou, sous son autorité, par le préfet.

CORRÈZE.

Je pense qu'il y aurait de l'imprudence à confier les nouvelles prisons à des hommes aussi inexpérimentés, aussi grossiers que le sont aujourd'hui la plupart des gardiens-chefs et tous les gardiens ordinaires des maisons des départements. Ces hommes ne se rendraient pas compte des intentions du législateur et compromettraient le nouveau système pénitentiaire, soit en laissant communiquer les détenus entre eux, soit en voulant procurer à quelques-uns des adoucissements de peine ou des distractions, soit en introduisant de mauvais livres, du vin et de l'eau-de-vie dans la maison, soit enfin en servant d'intermédiaire entre les détenus.

Le succès de la nouvelle loi ne peut être assuré qu'en donnant aux prisons des agents plus intelligents, plus dévoués, et plus disposés à se conformer aux vues de l'autorité.

Les frères de la doctrine chrétienne ou d'autres religieux auraient de grands avantages sur les gardiens ordinaires. On trouverait en eux des hommes remplis de dévouement, pieux, charitables, capables de donner des conseils, comprenant leurs devoirs, et disposés à s'occuper de l'amélioration morale des détenus. Mais l'introduction des agents religieux dans les maisons pénitentiaires n'empêche pas cependant que les chefs de ces maisons ne doivent être des laïques. C'est un inconvénient dans les prisons de peu d'importance, car la dépense en devient plus grande, mais cet inconvénient ne suffit pas pour abandonner une mesure bonne en soi.

GIRONDE.

Le préfet nommant les maires des villes au-dessous de 3,000 habitants, ne semblet-il pas étrange qu'une autorisation devienne nécessaire pour qu'il puisse nommer un gardien des prisons?

TARN-ET-GARONNE.

En vertu de l'article 606 du Code d'instruction criminelle, les agents de ces maisons sont nommés par le préfet. Si ce droit lui est retiré, il doit au moins conserver celui de présentation.

Il est convenable que la nomination des préposés en chef des maisons centrales soit du ressort de l'autorité supérieure. Lui réserver encore celle des préposés des maisons départementales, ne serait-ce pas enlever au préfet, sans nécessité, un moyen d'influence locale?

ART. 5.

Dans les lieux où des maisons spéciales ne seront pas destinées aux inculpés, prévenus et accusés de chaque sexe, il sera affecté aux hommes et aux femmes des quartiers distincts.

La surveillance immédiate des prisons ou quartiers affectés aux femmes sera exercée par des personnes de leur sexe,

ALPES (HAUTES-).

La moralité exige impérieusement la séparation des deux sexes. Les essais qui ont été faits de la surveillance par des religieuses paraissent avoir répondu à ce que l'on espérait de cette innovation.

AVEYRON.

Précisons la question. Ne s'agit-il que d'établir, en règle générale, que, même dans une prison cellulaire, on doit s'arranger pour que les deux sexes soient divisés, autant que possible, dans des portions différentes, dans des quartiers séparés, si l'on veut, du même bâtiment? Rien de mieux, et on doit le faire, ne fût-ce que pour plus de commodité et afin de prévenir toute confusion dans le service. Est-ce au contraire une division réelle par quartiers que prescrit l'article 5, une division telle, par exemple, que le régime en commun la nécessitait, c'est-à-dire avec des espaces d'isolement considérables, avec l'impossibilité absolue de jamais s'apercevoir ni s'entendre, malgré les facilités inséparables de ce régime, avec un service de garde, un greffe, des registres d'écrou différents, avec tout ce qui peut, en un mot, assurer la séparation absolue, complète, infranchissable? Eh bien alors, c'est aller trop loin, c'est augmenter sans nécessité les frais de premier établissement et d'administration des

4.

prisons cellulaires, considération d'autant plus importante que celles dont il s'agit sont à la charge des départements, dont les ressources sont si bornées. Je serais donc d'avis que l'article 5 fût modifié dans le sens de ces observations.

CREUSE.

L'article consacre un principe nouveau, celui de la surveillance des quartiers affectés aux femmes par des personnes de leur sexe. Pour que ce principe reçoive son application dans des limites qui concilient tout à la fois la bonne administration des prisons avec le sentiment de la haute convenance qui a inspiré et dicté cette nouvelle disposition législative, il paraîtrait assez rationnel qu'il fût institué, près de chaque prison, une commission de surveillance composée de dames. Le mode de leur nomination et leurs attributions seraient déterminés par un règlement particulier.

LOIRET.

L'intimidation n'est pas le seul but que nous nous proposons dans la réforme de notre système pénal : nous ne ferions pas assez si nous ne parvenions qu'à effrayer les malfaiteurs; nous voulons profiter du temps de leur détention pour corriger, autant que possible, leurs mauvais penchants. L'influence religieuse peut seule nous permettre d'atteindre un but si désirable ; or cette influence sera bien plus puissante si elle s'exerce sur les détenus par des personnes chargées de leur surveillance immédiate, et dont la vie, consacrée tout entière aux œuvres de la plus ardente charité, n'attende pas des hommes une récompense qu'il n'est pas en leur pouvoir de donner. C'est à la religion qu'il faudrait demander des gardiens pour nos prisonniers; elle seule inspire cet amour du bien qu'aucun obstacle ne peut rebuter; elle seule peut adoucir les mœurs et corriger les habitudes vicieuses des malheureux qui encombrent nos prisons. Je désirerais donc que les femmes détenues ne fussent surveillées que par des religieuses d'une congrégation autorisée, et que les hommes fussent gardés par des frères de la doctrine chrétienne ou de l'ordre de Saint-Joseph.

Les heureux résultats obtenus par les exhortations et les soins de ces pieux gardiens, dans les maisons de détention et de correction où ils sont établis, nous donnent la mesure du bien qu'il nous sera permis de faire lorsque les détenus ne seront plus soumis aux pernicieuses influences du régime actuel.

L'ordre, la moralité, la tenue des prisons d'Orléans, ont fait des progrès remarquables depuis que des frères de la doctrine chrétienne et des sœurs de l'ordre de la Providence sont chargés de surveiller et d'instruire les détenus. Ce qui n'a été jusqu'à ce jour que l'exception devrait être converti en règle générale.

RHIN (BAS-).

Il serait à désirer qu'en ce qui concerne les inculpés, prévenus et accusés, comme pour les condamnés, les hommes et les femmes ne fussent pas renfermés dans le même bâtiment, quelle que fût sa distribution; aucune circonstance n'excite les détenus hommes comme le voisinage des femmes; l'espoir de les approcher les porte à des actes d'audace et quelquefois de violence difficiles à réprimer. L'absence des passions humaines, l'impossibilité de les entretenir ou de les satisfaire, doivent être manifestes aux yeux des détenus, même des prévenus.

ART. 6.

Les inculpés, prévenus et accusés, seront séparés les uns des autres pendant le jour et la nuit.

Chacun aura une cellule suffisamment spacieuse, saine et aérée.

Une heure au moins d'exercice en plein air sera accordé tous les jours à chacun d'eux.

AVEYRON.

Il me semble qu'on entrevoit des cas où il serait sans inconvénient et où il pourrait même n'être pas sans avantage de laisser deux, trois, quatre prisonniers prendre ensemble l'exercice extérieur. Dans l'hypothèse de cette tolérance, la faculté de l'accorder devrait être laissée, sous de certaines conditions, aux autorités chargées de la surveillance de la prison.

DOUBS.

Le temps accordé pour l'exercice en plein air me paraît trop court. Il est à désirer qu'on puisse trouver une combinaison qui permette d'accorder deux exercices à l'air, d'une heure chacun.

DROME.

Il sera difficile de combiner la faculté donnée par le troisième paragraphe de l'article 6 à chaque inculpé, prévenu ou accusé, de prendre de l'exercice en plein air, pendant une heure chaque jour, avec le premier paragraphe du même article, qui prescrit la séparation de jour et de nuit; car on ne pourrait, à moins de dépenses énormes, réserver un préau à chaque inculpé. L'espace à parcourir serait d'ailleurs insuffisant.

A l'égard des enfants qui resteront dans les maisons départementales, où un quartier particulier leur sera assigné, il serait utile de permettre l'exercice en plein air pendant au moins *deux heures par jour,* la privation d'exercice pouvant nuire au développement de leurs forces.

FINISTÈRE.

L'exercice en plein air devrait être de deux heures *au moins,* une heure le matin et une heure le soir, sauf la volonté contraire des détenus eux-mêmes.

GARD.

Je serais disposé à croire que le projet se montre, même pour les prévenus, d'une bienveillance excessive, lorsqu'il leur accorde une heure au moins d'exercice en plein air et la faculté de communiquer tous les jours avec leurs parents et amis. Ce double droit, qui leur est concédé d'une manière absolue, aura pour conséquence d'imposer une très-lourde charge aux budgets départementaux.

Il faudra se procurer à grands frais autour des prisons de vastes terrains qu'on transformera en préaux; et, comme les maisons d'arrêt et de justice sont et doivent rester placées au centre des villes, à proximité du tribunal ou de la cour royale, les prix d'achat seront très-élevés.

Il faudra, de plus, créer dans chaque maison un nombreux personnel, et les soins attentifs de plusieurs gardiens suffiront à peine dans les prisons populeuses pour empêcher que les détenus allant à la promenade ou en revenant ne communiquent entre eux par la parole ou le regard.

HÉRAULT.

Il serait à désirer que les prisons destinées aux inculpés, prévenus et accusés fussent entièrement distinctes et séparées des prisons pour peines, afin que le public ne pût confondre en aucun temps l'emprisonnement préventif avec celui qui a le caractère d'une peine, et qu'on ne pût pas dire d'un homme qui n'aurait été que prévenu ou accusé qu'il a été *mis en prison.* L'excédant de dépense qui résulterait de ces dispositions matérielles ne me paraîtrait pas devoir arrêter. Il faudrait aussi que la cellule du prévenu ne ressemblât pas à celle du condamné; que l'étendue, l'ameublement, fussent différents; qu'il y eût pour chaque prévenu ou accusé une petite cour attenant à sa cellule et où il pût prendre l'air à volonté. Sous ce rapport, la dernière disposition de l'article 6 serait à modifier, et l'article 19 devrait être supprimé.

ILLE-ET-VILAINE.

Dernier paragraphe, dire *autant qu'il sera possible,* une heure au moins, etc., afin d'éviter les réclamations tracassières, pour quelques minutes en moins, de certains individus qui se font une habitude et un jeu de tourmenter les gardiens-chefs par des réclamations mal fondées et à tout propos.

ISÈRE.

L'exécution des dispositions du dernier paragraphe présentera de graves difficultés, car si l'exercice en plein air est accordé à chaque détenu successivement et séparément, il faudra 12 préaux au moins pour que pendant les dix heures de jour les cent vingt détenus d'une prison puissent tous prendre l'air, et on conçoit qu'on ne trouve pas toujours la possibilité dans l'enceinte d'une ville, à moins d'une dépense ruineuse, de consacrer à la prison un terrain assez vaste pour la construction des bâtiments et l'établissement de douze préaux.

JURA.

La loi ne devrait pas fixer la durée du temps où chaque jour le détenu se livrera à un exercice en plein air. Cette durée sera aussi longue que possible, mais nécessairement limitée par la faculté que laisseront les dispositions intérieures des prisons.

LOIR-ET-CHER.

Une heure d'exercice par jour me paraît insuffisante pour la santé des prisonniers. L'exercice en plein air sera subordonné à la position de la prison, qui sera plus ou moins aérée, plus ou moins salubre. J'estime que ce temps doit être doublé, c'est-à-dire que les exercices à l'air soient pris pendant une heure le matin et pendant une heure le soir.

SAONE-ET-LOIRE.

Dans le régime de la séparation, l'exacte observation de la disposition du dernier paragraphe de l'article 6 serait fort difficile ; elle exigerait dans chaque prison un grand nombre de préaux et un nombreux personnel d'agents. Par exemple, dans la prison de Châlons, qui contient cent vingt cellules, il faudrait, en hiver, où la promenade ne peut être accordée que de huit heures du matin à quatre heures du soir, quinze préaux et un certain nombre de gardiens uniquement et constamment occupés à mener, ramener et surveiller les prisonniers. Ce paragraphe me semblerait donc devoir être modifié, en ce sens que les promenades seraient laissées à la disposition de l'administration, qui les accorderait toujours aux prisonniers dont la santé le demanderait, mais aux autres, seulement suivant que les besoins du service et les dispositions du local le permettraient. Les conséquences de cette modification seraient sans inconvénients, car la détention des prisonniers de cette catégorie est ordinairement d'une assez courte durée pour qu'on n'ait rien à redouter de préjudiciable à leur santé.

SEINE-ET-OISE.

Il sera impossible dans la plupart des prisons départementales d'accorder une heure d'exercice aux prévenus ou accusés, pendant l'hiver surtout, avec obligation d'empêcher toute communication entre eux, à moins de multiplier les préaux et les gardiens, et par conséquent d'accroître les dépenses.

D'ailleurs les terrains à affecter aux prisons nouvelles ne permettront pas toujours d'établir le nombre de préaux que cette prescription rendrait nécessaire.

Je pense donc qu'il faudrait ôter à cette prescription ce qu'elle a de trop absolu, en y intercalant les mots : *autant que possible*.

VOSGES.

Sans nul doute, si les choses devaient se passer partout comme dans les grands centres de population, si la population détenue pouvait, comme à Paris, se diviser dans l'isolement et la non connaissance des individus entre eux, pendant et après la prison, nulle objection, nulle difficulté ne saurait être opposée à cette séparation *pour tous.*

Mais il faut remarquer :

1° Que le grand bienfait du régime pensylvanien, résultant de ce que les détenus demeurent inconnus les uns aux autres et n'ont pas à leur sortie de prison à rougir de certaines rencontres, n'existe, pour ainsi dire, pas pour les maisons d'arrêt et de justice des arrondissements, territoires restreints où tout le monde se connaît, où chacun sait le fort, le faible et l'histoire de chacun;

2° Que pour ce qui regarde en particulier les départements boisés, et par exemple les Vosges, qui ont un tiers du territoire couvert de forêts, dont près de cent mille hectares de bois domaniaux, il est une classe de détenus pour lesquels le régime cellulaire sera de la plus grande difficulté d'application, puisque le nombre des détenus de cette catégorie dépasse assez souvent déjà ce que la prévision la plus grande peut donner de cellules à chaque maison.

Il est à remarquer que cette classe de détenus semble devoir rentrer dans la catégorie des prisonniers pour dettes, qui, suivant le règlement du 30 octobre 1841, doit occuper des locaux séparés. En effet, il ne s'agit point ici de délits tels que ceux prévus par le cinquième paragraphe de l'article 38 du projet de loi, mais bien de poursuites en payement d'amendes prononcées à la requête du domaine, c'est-à-dire de véritables dettes.

YONNE.

Ce n'est pas assez que d'accorder une heure d'exercice en plein air aux inculpés, prévenus ou accusés.

Ils doivent être traités comme s'ils étaient innocents.

La détention préventive est une mesure rigoureuse qui ne peut être justifiée que par la nécessité d'assurer la répression des infractions graves envers la loi; mais il faut que ceux qui y sont soumis jouissent dans l'intérieur de la prison de toute la liberté que permet le régime de l'établissement, et notamment de celle de prendre de l'exercice en plein air, aussi longtemps qu'il sera possible.

ART. 8.

Toutefois, des communications de détenu à detenu pourront être permises, par le chef de la maison, entre les parents et les alliés.

AIN.

La part d'autorité directe accordée par cet article au chef de la maison pourrait donner lieu à des difficultés qu'il importe de prévenir. Les communications prévues par cet article doivent être réglées comme il est dit à l'article 9.

AISNE.

Qu'une certaine latitude soit laissée à un directeur d'une maison centrale, sans la participation de l'autorité supérieure, cela se conçoit aisément, le chef de cette maison étant toujours à la hauteur de la mission délicate qui lui est attribuée et méritant complétement le degré de confiance que lui confèrent même les dispositions de la loi; mais il en est autrement d'un préposé d'une maison de justice ou d'arrêt, qui réunit rarement toutes ces conditions, et dont les pouvoirs, à raison même de son peu d'intelligence, doivent être, par conséquent, restreints, afin de ne pas échapper à l'œil investigateur d'une administration plus éclairée, et de prévenir en même temps des abus qui seraient, sans contredit, préjudiciables au bien du service. Il est hors de doute que le gardien-chef d'une prison d'arrondissement manquerait presque toujours de discernement pour permettre ou refuser à propos les communications de détenu à détenu, en apprécier l'opportunité ou les inconvénients. Il y aurait donc lieu de limiter les pouvoirs qui lui sont conférés, en ajoutant à la suite de cet article les mots : *qui en auront obtenu l'autorisation du préfet ou du sous-préfet.*

CANTAL.

Les communications de détenu à détenu sont choses assez graves pour être l'objet d'une autorisation émanée d'un autre fonctionnaire que le gardien-chef de la maison.

CHARENTE.

Pour les grandes maisons qui auront un directeur, par conséquent un homme intelligent et instruit, la faculté que la loi accorde au chef de la maison est sans inconvénient, mais il paraît ne pas en être de même dans les prisons de moindre importance, où le chef n'est pas toujours un homme suffisamment capable, lorsqu'il s'agit de certaines appréciations morales : ne serait-il pas convenable, dans ce cas, d'ajouter : *avec l'autorisation du préfet ou du président de la commission de surveillance ?*

COTE-D'OR.

L'article 8 confère aux gardiens-chefs un droit que leur position ne leur permettrait pas toujours d'exercer avec le discernement et l'impartialité nécessaires. Les communications entre détenus, même parents et alliés, sembleraient ne devoir être autorisées, pour les inculpés et les prévenus, que par le procureur du Roi ou le juge d'instruction ; pour les accusés, par le procureur général ou le président des assises, quand la demande est réciproque. Il en serait de même des communications avec les conseils, parents et amis.

Si ces dispositions étaient adoptées, les articles 9 et 10 en seraient nécessairement modifiés.

CREUSE.

Il peut y avoir quelques inconvénients à laisser au chef de la maison le droit de permettre les communications de détenu à détenu entre les parents et les alliés. Il ne pourrait y avoir qu'avantage à obliger celui-ci à en déférer à une autorité quelconque, au maire, par exemple.

EURE-ET-LOIR.

Ajouter à la fin de l'article ces mots : *Mais avec l'autorisation du préfet, pour les prisons de chefs-lieux, et du sous-préfet pour celles d'arrondissements.*

ILLE-ET-VILAINE.

Par le préfet et le sous-préfet, et non par le chef de la maison, qui pourra seulement donner son avis. Ce chef de la maison ne peut, en effet, se décider que sur ce qu'il a vu des inculpés, prévenus ou accusés, depuis qu'ils sont dans la maison, ce qui ne suffit pas toujours.

Pour que cet article fût complet, il faudrait dire :

« Le préfet ou le sous-préfet, lorsque le magistrat chargé de l'instruction aura dé-
« claré ne pas y voir d'inconvénient, pourra, s'il y a lieu d'ailleurs, permettre, etc. »

JURA.

Les communications de détenu à détenu, dans les cas des articles 8 et 9, nous paraissent devoir être toujours soumises à l'autorisation spéciale de l'autorité administrative sur l'avis du ministère public.

LOIR-ET-CHER.

L'article 8 donne aux chefs des maisons de détention un pouvoir discrétionnaire qu'il est à craindre non-seulement de voir dégénérer en abus, de manière à les priver du temps qui leur est si nécessaire pour exercer une active surveillance à l'intérieur, mais encore qui peut nuire essentiellement à la découverte de la vérité. En effet, les communications entre détenus, permises hors de propos, peuvent gravement entraver le ministère du magistrat instructeur dans ses recherches; elles peuvent aussi devenir dangereuses pour le bon ordre, la sûreté et la moralité. Il me parait donc utile, indispensable même pour atteindre le véritable but de la loi et pour laisser à la justice tous ses moyens d'action, de soumettre soit aux magistrats des parquets, soit à la commission de surveillance, l'opportunité ou le danger de ces communications; aux magistrats, parce que la vie morale des prévenus est sous leur surveillance, et que dans l'intérêt de la société ils doivent chercher à connaître et régler leurs relations; aux commissions, qui sont appelées par leurs fonctions à ne jamais ignorer ce qui se passe dans l'intérieur des prisons pour le maintien de l'ordre et de la sûreté.

LOIRE (HAUTE-).

Comment le chef de la maison connaîtra-t-il les liens de parenté ou la simple alliance qui existera entre les détenus de cette catégorie? On le trompera certainement pour chercher à établir des relations qu'il peut être dans l'intérêt de la justice d'empêcher. D'autre part, le projet de loi ne dit pas si ces communications pourront avoir lieu entre des individus de sexes différents, et l'interprétation de ce silence aurait l'inconvénient de laisser au chef de la maison une latitude qui pourrait porter atteinte à la morale. Comme celles prévues par l'article 9, les communications indiquées en l'article 8 ne devraient avoir lieu que sur l'autorisation du préfet.

LOIRE-INFÉRIEURE.

L'article 8 confère au chef de la prison le droit de permettre aux détenus des communications avec leurs parents et alliés détenus comme eux. Sans doute, en écrivant

5.

cet article, on a pensé à MM. les directeurs des maisons centrales, hommes graves, considérés, dignes de la plus entière confiance; mais peut-être n'a-t-on pas eu assez présente la condition de la plupart de nos anciens concierges de prisons départementales, décorés aujourd'hui du nom de gardiens-chefs. Ces hommes ont, en général, peu d'éducation, ils sont faiblement rétribués; au moyen de la pistole, ils ont des relations d'argent avec les détenus. Il serait à craindre que l'appât d'une récompense pécuniaire n'influât sur les permissions à donner aux détenus; le riche obtiendrait tout, le pauvre rien. Il faudrait, je crois, placer un peu plus haut ce droit de grâce, et le confier, soit au membre de la commission de surveillance en exercice, soit au maire, au juge d'instruction, au sous-préfet, etc., mais point au gardien-chef de la prison départementale, tout en le conservant au chef de la maison centrale.

Le mieux serait peut-être de supprimer entièrement cet article 8 dont les dispositions seraient suffisamment suppléées par celles de l'article 9.

L'article 10 serait modifié en conséquence.

MARNE.

On s'est peut-être trop préoccupé des grands établissements et trop peu des prisons d'arrondissement, qui forment le plus grand nombre. Assurément le directeur d'une prison centrale présentera des garanties suffisantes pour qu'un pareil pouvoir ne dégénère pas en abus. Mais en sera-t-il de même d'un simple gardien? Quoi qu'on fasse, il sera bien difficile de trouver pour ces sortes d'emploi des hommes d'un esprit assez élevé et d'une moralité assez éprouvée pour qu'on soit assuré, non-seulement qu'ils ne commettront pas d'abus volontaires dans l'exercice de leur autorité, mais encore que les permissions et les refus seront toujours de leur part le résultat d'une appréciation entièrement impartiale et surtout éclairée. N'y a-t-il pas à craindre que la faculté de communiquer entre parents et alliés ne devienne, dans certaines prisons, la règle commune, et que, dans d'autres, elle ne soit accordée qu'à ceux qui se montreraient disposés à l'acheter? La commission de surveillance et le sous-préfet se trouvent sur les lieux; il serait plus convenable, ce me semble, qu'au moins dans les prisons dirigées par un gardien-chef, les permissions de communiquer fussent accordées, soit par le sous-préfet sur l'avis de la commission de surveillance, soit même par le maire, en un mot, par un fonctionnaire présentant des conditions de moralité et d'intelligence supérieures à celles qu'on peut espérer généralement de rencontrer dans un gardien de prison.

MARNE (HAUTE-).

L'article 8, qui ne permet, sur l'autorisation du gardien-chef, la communication de détenu à détenu qu'entre parents et alliés, me semble renfermer une limitation trop étroite, surtout en ce qui concerne *les simples prévenus*.

D'abord, c'est un cas très-exceptionnel que la réunion dans la même prison de plusieurs détenus ayant entre eux des relations d'alliance ou de parenté, et cependant, sauf cette circonstance, tout à fait accidentelle, le prévenu restera dans un état d'isolement complet jusqu'au jour du jugement de son affaire, dont l'instruction peut être très-longue.

On objectera qu'il lui est loisible de communiquer (art. 10) avec ses parents, amis et conseils, et qu'en outre, aux termes du dernier alinéa de l'article 9, il peut obtenir du préfet la faveur d'une communication exceptionnelle avec d'autres détenus..... Mais il faut examiner, je dirai d'une manière pratique, si les facilités qui, en théorie, semblent satisfaisantes, sont en réalité suffisantes.

En fait, le prévenu transféré dans une prison départementale ou d'arrondissement est le plus ordinairement, séparé de sa famille, par une distance plus ou moins grande, mais telle enfin qu'il faut, pour venir le voir, faire un voyage qui ne peut se renouveler fréquemment; il est très-rare, d'un autre côté, qu'il ait des connaissances au chef-lieu.

Reste la communication avec le conseil. Or, cette communication n'existe pas pour une infinité de pauvres diables que la misère a réduits à l'état de vagabondage ou à commettre quelques larcins, et qui ne prennent pas de conseil pour paraître en police correctionnelle.

Enfin, vient la dernière ressource du prévenu : celle de s'adresser au préfet pour obtenir de communiquer avec d'autres détenus, comme lui en état de prévention.....

Disons-le, ce moyen d'adoucissement est complétement illusoire!... Comment le détenu songera-t-il à demander à communiquer avec d'autres détenus qu'il ne connaîtra pas?

D'ailleurs, une demande au préfet suppose la faculté que n'ont pas beaucoup de détenus; elle entraine des délais, une instruction, toutes circonstances contradictoires avec la pensée de prévenir les funestes effets de l'isolement ou d'y remédier immédiatement et efficacement.

Voici donc le pouvoir facultatif qu'il me semble utile, indispensable même de conférer au gardien en chef, c'est de pouvoir, en en rendant compte dans les vingt-quatre heures à ses chefs hiérarchiques, autoriser la communication de détenu à détenu en état de simple prévention.

Les réflexions qui précèdent s'appliquent sans doute aux accusés de même qu'aux prévenus ; toutefois, parmi les premiers, il y a une échelle de pénalité si étendue, qu'on peut trouver dangereux d'accorder au gardien-chef la faculté de leur accorder arbitrairement la faveur de communiquer entre eux. Alors, pour prévenir tous les inconvénients, on pourrait n'accorder au gardien-chef le droit de permettre les communications entre accusés que sur l'autorisation du maire, dont les relations avec la maison sont presque quotidiennes, soit par lui, soit par les agents de la police municipale, et dont la complaisance ne pourra être soupçonnée.

MEUSE.

Les articles 8, 9, 10 et 11 confèrent aux chefs des maisons de détention un pouvoir qui paraîtrait devoir être réservé aux commissions, et aux préfets une attribution qu'ils ne pourraient exercer par eux-mêmes sans apporter aux communications des détenus des retards souvent préjudiciables. Il semble d'ailleurs que tout ce qui concerne les communications *entre prévenus* devrait ne dépendre que des magistrats instructeurs.

OISE.

Cet article est une conséquence de l'abrogation du premier paragraphe de l'article 613 du Code d'instruction criminelle. C'est le préposé en chef qui délivrera les permissions de communiquer avec les détenus. Le règlement du 30 octobre 1841 réserve cette autorisation au maire, et par là l'administration pouvait être certaine que, sous ce rapport, il ne pouvait y avoir d'abus. Il serait difficile, avec le personnel actuel, de croire à l'existence d'une garantie égale.

Le règlement du 30 octobre, hors les cas d'autorisations spéciales accordées par les préfets et sous-préfets, restreint les communications aux père et mère, femme, mari, frères, sœurs, oncles, tantes et tuteurs. L'article 8 du projet de loi énonce vaguement que les communications pourront être permises entre les parents et les alliés. Cette faculté peut s'étendre à un si grand nombre de personnes, que le système même de l'isolement peut en souffrir. D'ailleurs, une telle prescription ne me paraît pas être du domaine de la loi, mais rentrer dans celui de l'ordonnance qui déterminera le mode de surveillance des prisons.

SEINE. (PRÉFET DE POLICE.)

Il faudrait peut-être ajouter à l'article 8 que les communications entre les parents et les alliés pourront être autorisées *sous les réserves exprimées en l'article 11*, ou mieux encore, si l'article 8 est maintenu, supprimer le commencement du premier paragraphe de l'article 9 relatif aux interdictions du juge, les dispositions générales qui font l'objet de l'article 11 rendant celles-ci tout à fait inutiles.

SOMME.

Peut-être les gardiens-chefs d'un grand nombre de maisons d'arrêt ou de justice ne présentent-ils pas de garanties suffisantes pour qu'on leur abandonne le contrôle des communications entre les prévenus et leurs conseils, parents ou amis. Il paraîtrait opportun que, sauf les maisons où il existe un directeur, le droit de délivrer les permis de visite fût réservé à l'autorité administrative ou au maire délégué par elle.

VIENNE (HAUTE-).

Le législateur a sagement fait de n'insérer dans la loi que le moins possible de prescriptions réglementaires ; mais la latitude laissée à cet égard à l'administration lui impose une responsabilité d'autant plus grande qu'au début de la mise en pratique d'un régime nouveau, surtout où il y, a et où il y aura pendant longtemps encore, tant d'inconnu, les résultats dépendront de la sagesse des règlements intérieurs et de leur saine application.

Ainsi, en ce qui concerne l'article 17, il faudra que les règlements ne laissent que le moins possible à l'arbitraire et à l'intelligence des agents d'exécution ; autrement il deviendrait facile à ces derniers d'ajouter ou de retrancher à la rigueur de la détention solitaire.

ART. 9.

Quand le juge n'aura pas interdit les communications entre les détenus compris dans la même instruction, les communications leur seront permises, s'ils le demandent réciproquement, aux heures, dans les lieux et sous la surveillance qni seront déterminés par les règlements de la maison.

Dans tous les autres cas, les communications de détenu à détenu pourront être autorisées par le préfet.

AISNE.

Au second paragraphe de l'article 9, ainsi conçu, *Dans tous les autres cas, les communications de détenu à détenu pourront être autorisées par le préfet*, il convient aussi d'ajouter, *ou par le sous-préfet.*

ALPES (BASSES-).

Il semble que l'article 9 serait susceptible d'une légère modification dans sa rédaction. Il porte que si le juge n'a pas interdit les communications entre les détenus compris dans la même instruction, les communications leur seront permises s'ils le demandent réciproquement, etc. Ne serait-il pas mieux de dire que les communications pourront leur être permises? D'après les termes du projet, les prévenus ne manqueraient pas de regarder la communication comme un droit acquis, par cela seul qu'il leur plaît de la réclamer, et il pourrait en résulter plus d'un inconvénient; celui, par exemple, d'offrir des occasions de collision avec le chef de la maison.

CHARENTE-INFÉRIEURE.

On ne voit aucune raison pour permettre les communications entre les détenus dont il est question dans le premier paragraphe de cet article. L'esprit du projet de loi tend à éviter les relations entre les détenus, à rompre des liaisons dont des délits ou des crimes ont été les résultats, à prévenir la conséquence de projets formés dans les prisons et dont l'exécution est ajournée au moment où les détenus recouvreront leur liberté. Pour atteindre ce but, aussi utile à la société qu'aux détenus eux-mêmes, la loi veut, avec raison, qu'ils soient séparés de jour et de nuit, c'est-à-dire qu'ils ne se voient pas : or la faculté accordée par l'article 9 atténue les avantages que produit le système d'emprisonnement individuel.

CREUSE.

Au lieu de faire, pour les individus compris dans la même instruction, de la faculté de communiquer la règle, et du refus de communiquer l'exception, il me semblerait qu'on dût faire le contraire. Il peut, en effet, y avoir du danger à permettre la communication, par cela seul que le juge ne l'aurait pas défendue. Un oubli de la part du juge pourrait compromettre les intérêts de la société.

EURE-ET-LOIR.

Les communications ne devraient avoir lieu qu'avec la permission du préfet ou du sous-préfet. Ces communications peuvent avoir un grave inconvénient; il convient qu'elles ne soient que rarement tolérées.

GERS.

L'autorité judiciaire et l'autorité administrative ont chacune, en ce qui concerne les prisons, un intérêt qui semble, au premier abord, distinct et séparable. L'action de l'une paraît, en effet, cesser au moment où commence l'action de l'autre : il n'en est pourtant point ainsi.

Il n'est point vrai de dire que, pour toutes les personnes enfermées dans les prisons, l'autorité judiciaire n'ait plus à s'en occuper du moment où elles y entrent, et qu'elles appartiennent dès lors à l'autorité administrative. Une distinction aussi complète serait sans doute utile et désirable au point de vue du régime intérieur des prisons, pour lesquelles l'autorité de direction est nécessaire; mais bien des obstacles ne s'opposent-ils pas à ce résultat?

Si l'on distingue d'abord en deux catégories les individus enfermés, on remarque que les accusés ou prévenus semblent plus particulièrement appartenir à l'autorité judiciaire, et les condamnés à l'autorité administrative.

Les accusés ou prévenus sont entre les mains de la justice; elle a intérêt à ce qu'ils soient soumis à un régime plutôt qu'à un autre; elle a besoin de les visiter, de se les faire représenter à chaque instant; suivant qu'elle décide qu'il y a lieu de poursuivre ou non, l'individu emprisonné peut être retenu ou mis en liberté instantanément. Il semblerait donc que le prévenu ou accusé appartient exclusivement à l'autorité judiciaire, et que les procureurs du Roi ou juges d'instruction ont seuls à exercer le droit d'une surveillance qui n'est utile qu'à eux seuls, et la responsabilité d'une police intérieure dont l'action judiciaire a surtout à se préoccuper.

Cette classe de la population que renferment les prisons a toujours été l'objet de distinctions profondes : l'article 604 du Code d'instruction criminelle l'établit rigoureusement, et, dans la loi dont il s'agit, des maisons spéciales ou des quartiers distincts dans des maisons communes leur sont affectés.

Pourtant toutes les prisons affectées aux détenus non militaires sont placées sous l'autorité du ministre de l'intérieur (article 1er). Tous les agents préposés à la garde des prisons sont nommés et révoqués par lui (article 4). L'autorité administrative permet les communications de détenu à détenu (article 9).

On le voit, l'autorité administrative exerce concurremment son action avec l'autorité judiciaire pour ce qui concerne les inculpés, prévenus et accusés, et cette action se trouve tellement mêlée avec la sienne, que l'article 10 porte, qu'en cas de refus de la part du chef de la maison relativement aux visites des parents et amis, comme aussi dans le cas de l'article 8, il en sera référé aux magistrats chargés de l'instruction, qui pourront autoriser la communication demandée.

Ce fait, établi d'une manière aussi positive, entraîne-t-il des conséquences fâcheuses? Cette double action est-elle utile?

ILLE-ET-VILAINE.

Dire, *pourront leur être permises* par le préfet ou le sous-préfet, et non *leur seront permises*. On conçoit, en effet, que l'intérêt de l'instruction puisse bien ne pas réclamer l'interdiction de toutes communications entre les prévenus compris dans une même poursuite, et que cependant l'administration ait des motifs de ne pas permettre ces communications.

LOIR-ET-CHER.

Les commissions de surveillance des prisons devraient déterminer, lorsque le juge instructeur n'aura pas imposé son véto, quand les détenus pourront communiquer entre eux.

LOIRE.

Le caractère général du premier paragraphe me paraît fâcheux; si ces communications sont de droit, elles présenteront de nombreux inconvénients. Il serait préfé-

rable de les soumettre à la règle générale, l'autorisation du préfet. Dans les arrondissements, il sera nécessaire de donner au sous-préfet le droit d'autorisation.
(Même observation sur l'article 10 relativement aux *parents* et *amis*.)

LOIRET.

Ces mots, *quand le juge n'aura pas interdit les communications entre les détenus*, me semble faire double emploi avec la rédaction adoptée par l'article 11.

Le dernier paragraphe de cet article devrait être également modifié. Les communications de détenu à détenu ne devraient pas être autorisées par les préfets, mais par les magistrats chargés de l'instruction, car ils ont intérêt à connaître et à régler les relations des inculpés, des prévenus et des accusés, jusqu'au jour où ils seront jugés. Cette modification ne serait au surplus que la conséquence du principe consacré dans le deuxième paragraphe de l'article 10.

LOT-ET-GARONNE.

Il serait prudent, selon moi, de ne jamais permettre la communication de détenus compris dans la même instruction, sans avoir préalablement communiqué leur demande au juge chargé de cette instruction; celui-ci aurait pu, en effet, négliger de l'interdire d'avance.

MARNE.

Le droit d'autoriser les communications de détenu à détenu semblerait devoir être étendu aux sous-préfets dans leurs arrondissements respectifs, au moins à l'égard des prévenus et accusés. En attribuant exclusivement ce droit au préfet, on a eu sans doute l'intention d'empêcher que la faculté de communiquer ne dégénérât en abus. Mais puisque la loi a admis cette faculté, elle n'a pas voulu, sans doute, que l'exercice en fût entouré de difficultés qui la rendraient souvent illusoire; or on comprend que le préfet n'accordera la permission qu'après s'être assuré qu'il ne peut en résulter aucun inconvénient; ainsi il consultera le sous-préfet qui, à son tour, consultera la commision de surveillance et probablement le procureur du roi. Ainsi, la demande devra être successivement portée devant trois autorités au moins, et peut-être quatre, avant de recevoir solution; les lenteurs qui en résulteront présenteront-elles quelque avantage? Il est permis d'en douter avec d'autant plus de raison que l'isolement, lorsqu'il n'est pas motivé par les nécessités de l'instruction, est une simple mesure de précaution qui devient sans effet lorsqu'il est reconnu que les communications entre les détenus ne peuvent présenter aucun inconvénient; et après tout, le préfet ne pourra que s'en rapporter aux avis qui lui seront transmis; pourquoi donc ajouter un rouage de plus lorsque l'objet n'est pas assez important pour devoir nécessairement par sa nature appeler l'intervention d'un fonctionnaire d'un ordre supérieur?

MORBIHAN.

Je ne conçois pas la raison des communications autorisées par le premier paragraphe. La complicité serait plutôt un motif pour défendre les communications que pour les permettre, puisque ces communications peuvent et doivent donner l'occasion aux inculpés, prévenus ou accusés de concerter leur défense. Il semble suffisant de laisser les détenus compris dans la même instruction sous la règle du deuxième paragraphe du même article, qui donne au préfet la faculté d'autoriser les communications de détenu à détenu.

PYRÉNÉES-ORIENTALES.

Le projet ne dit pas par qui seront permises, en cas de refus du préposé en chef, les communications autorisées par le premier paragraphe de l'article 9. C'est une omission à réparer. Conformément aux observations qui précèdent, c'est par le préfet que la permission devra être donnée.

RHIN (HAUT-).

Dans les cas non spécifiés dans les articles 8 et 9, les communications de détenu à détenu (prévenus et accusés) pourront, d'après l'article 9, être autorisées par le *préfet.*

Pour abréger les délais, il paraîtrait utile d'ajouter, après le mot *préfet :* « En son « absence, par le maire du chef-lieu du département, et par le sous-préfet ou le « maire dans les arrondissements autres que celui du chef-lieu. »

SAONE-ET-LOIRE.

Il me paraît utile d'étendre aux sous-préfets la faculté donnée par le deuxième paragraphe de l'article 9 aux préfets, d'autoriser les communications de détenu à détenu. Le préfet ne pourrait user, dans la plupart des cas, de cette faculté qu'après avoir consulté le sous-préfet, qui, par sa présence sur les lieux, peut mieux juger de l'opportunité de pareilles demandes.

SEINE. (PRÉFET DE POLICE.)

Pour ce qui me concerne, je repousse les dispositions de l'article 9 qui permettent des communications entre les prévenus *compris dans la même instruction.* Ces communications, dont je n'aperçois pas bien l'utilité, présenteront inévitablement de nombreux inconvénients, et notamment, dans certains cas, celui d'entraver et même de paralyser l'action de la justice. Dans l'état actuel de notre législation, les prévenus et accusés ont toutes les facilités possibles de préparer individuellement leurs moyens de défense, et l'on ne saurait admettre qu'il y ait intérêt pour eux à se voir

6.

et à se concerter en dehors des débats oraux, tandis qu'il pourra, je le répète, résulter de ce concert préalable des difficultés et des embarras pour la justice, dont ils chercheront le plus souvent à égarer le jugement. Je demanderais donc la suppression entière du premier paragraphe de l'article 9.

SEINE-INFÉRIEURE.

Il faudrait ajouter : *ou par le sous-préfet.*

Dans les prisons des chefs-lieux d'arrondissement, il sera inutile d'avoir recours au préfet pour les cas de police intérieure et de faire, à ce sujet, des correspondances dont les délais nuisent à la marche du service.

SEINE-ET-OISE.

La permission accordée par cet article aux détenus compris dans la même instruction, lorsqu'ils le demanderont, donnera souvent lieu à de grands abus, malgré les mesures de précautions que le règlement pourra y apporter. On a souvent vu des bandes de malfaiteurs traduits devant les tribunaux et être l'objet d'une même instruction. Récemment encore, les assises de Paris en ont offert plusieurs exemples; or il n'y aurait rien d'aussi dangereux, selon moi, que la loi permît ces communications, et ôtât ainsi à l'administration la faculté de les refuser dans certains cas.

Je demanderais donc que l'article 9 fût modifié de manière à laisser au préfet la faculté de refuser ces communications lorsqu'il jugera qu'elles peuvent avoir des dangers, ou même des inconvénients.

VAUCLUSE.

Il serait bon que la loi donnât également aux sous-préfets la faculté d'autoriser les communications de détenu à détenu.

VIENNE.

Cet article pose en principe que les détenus impliqués dans la même instruction auront le droit de demander à communiquer ensemble. Je crois que l'interdiction de communiquer devrait être posée au contraire comme règle générale. De graves inconvénients pour la marche et le succès de l'instruction pourraient résulter de la pratique du contraire. C'est au début de l'instruction, au moment de l'arrestation souvent, qu'il importe de séquestrer l'inculpé, en lui enlevant les moyens d'agir sur les témoins et de se concerter avec ses complices, à qui un mot, un geste impossible à prévenir, peut révéler un système de défense. A cette phase de la procédure, il est rare que le juge d'instruction ait pris une connaissance suffisante des faits et indices pour apprécier l'utilité d'une mise au secret absolue. Plusieurs motifs d'ailleurs peuvent l'empêcher souvent de prendre cette précaution, dont l'omission prépare l'impunité.

Laisser communiquer de plein droit après l'arrestation, c'est anéantir, sous plusieurs rapports, les avantages que la loi attend de la séparation des inculpés.

YONNE.

Il est nécessaire d'attribuer aux sous-préfets le droit d'autoriser, pour les prisons chefs-lieux d'arrondissement, les communications de détenu à détenu.

S'il y avait obligation de recourir au préfet, il pourrait arriver, avant qu'on eût obtenu la réponse, que le temps de la détention préventive fût déjà expiré.

ART. 10.

Les inculpés, prévenus et accusés pourront communiquer tous les jours avec leurs conseils, parents et amis. Un règlement d'administration publique déterminera les heures et les conditions.

S'il y a refus de la part du chef de la maison dans le cas prévu au précédent paragraphe, comme aussi au cas de l'article 8, il en sera référé aux magistrats chargés de l'instruction, qui pourront permettre la communication demandée.

AISNE.

L'article 10 autorise les inculpés, prévenus et accusés à communiquer *tous les jours* avec leurs conseils, parents ou amis.

A moins d'autoriser cette classe de détenus à recevoir dans leurs cellules les personnes qui viennent les visiter, le maintien de cet article rendrait très-difficile le service des maisons d'arrêt, et nécessiterait une augmentation notable dans le nombre des préposés. Au parloir, la surveillance et l'isolement deviendraient impraticables s'il y était admis *chaque jour* un grand nombre de visiteurs. Il y aurait dès lors nécessité de limiter aux conseils *seuls* la faculté de voir *tous les jours* les inculpés, prévenus et accusés, et de n'admettre les parents et amis que *deux fois par semaine,* aux jours, aux heures et aux conditions qui seraient déterminés par un règlement d'administration publique.

CORRÈZE.

Le projet de loi compte sur les parents pour visiter et distraire les détenus. Ces visites seront généralement utiles. On ne peut se dissimuler, toutefois, qu'elles ne profiteront qu'à un très-petit nombre d'individus, car les détenus appartiennent assez ordinairement à une classe trop pauvre pour que les membres de leur famille viennent s'installer auprès d'eux pendant la durée de la détention. Les condamnés du chef-lieu du département ou de l'arrondissement qui auront leurs parents à quelques pas d'eux jouiront presque seuls de cet avantage.

Il est donc indispensable d'aviser au moyen de faire arriver dans la prison des personnes dévouées et charitables qui visiteront les détenus, qui s'entretiendront avec eux et leur procureront d'utiles distractions, tout en leur donnant de précieux conseils. C'est une des choses dont l'administration supérieure aura le plus à se préoccuper lorsque le projet sera converti en loi, parce que nulle autre n'a plus d'importance et ne présente de plus sérieuses difficultés.

L'organisation du travail ne sera pas non plus une chose aisée dans les villes d'une faible population et dans les pays où il y a peu d'industrie. Cependant les détenus ne doivent pas rester inoccupés, car l'isolement leur serait extrêmement préjudiciable. Il faut donc que, les entrepreneurs manquant, l'administration soit prête à donner une occupation aux prisonniers.

CREUSE.

Les communications dont il est parlé dans cet article ne devraient avoir lieu qu'avec un permis des magistrats chargés de l'instruction; trop faciles et trop multipliées, elles seraient une occasion pour fournir des moyens de défense.

Les conseils eux-mêmes ne devraient être autorisés à communiquer qu'au moment fixé par l'article 302 du Code d'instruction criminelle.

DOUBS.

Il me paraît y avoir une confusion d'attributions. On ne comprend pas pourquoi, s'il y a refus du chef de la maison dans les cas prévus par l'article 8 et le premier paragraphe de l'article 10, on en réfère aux magistrats chargés de l'instruction

En principe, les magistrats instructeurs n'ont que le droit d'interdire toutes les communications des détenus et de prendre les mesures nécessitées par l'instruction; quand ils n'ont pas usé de ce droit, toute mesure d'ordre et de police appartient au chef de la maison et à l'administration.

Je pense que le deuxième paragraphe de l'article 10 devrait être modifié dans ce sens:

Exemple : « Le chef de la maison refuse de laisser communiquer un détenu avec « un autre détenu, son parent ou son allié (article 8), ou avec ses conseils, parents « et amis (article 10, premier paragraphe), quoique le juge n'ait pas interdit les « communications. »

Il y a là une *question de police* à juger. Pourquoi la soumet-on au juge, au lieu de la soumettre au préfet?

EURE-ET-LOIR.

Il conviendrait d'exprimer que les communications entre prévenus et leurs parents, alliés et amis n'auront lieu que sur une autorisation du préfet ou du sous-préfet, *après avis de la commission de surveillance.*

Le projet de loi est trop facile sur les communications. Cette trop grande facilité n'est pas en rapport avec le système; elles nuiront à l'œuvre de moralisation qu'on poursuit dans l'adoption de ce système. Il faut d'ailleurs que la commission qui est appelée à contribuer à travailler à cette moralisation soit toujours consultée sur l'opportunité de ces communications; elle appréciera cette opportunité par l'étude qu'elle fera des caractères des détenus.

Du reste, on sentira mieux la nécessité de cette intervention de la commission et du permis du chef de l'administration, en ne perdant pas de vue que *dans les prévenus* se trouvent souvent des individus déjà repris de justice et d'un contact corrupteur.

Je le répète, il faut que l'effet de l'isolement soit décisif et tranché; cet effet est la méditation, qui ne doit être troublée que par la communication avec les personnes chargées de travailler à la moralisation des détenus.

GARD.

Où recevront-ils leurs conseils, parents, alliés et amis, ce qui comprend tous les gens honnêtes et déshonnêtes du dehors et particulièrement ces derniers? Dans leurs cellules? Mais il faudra mettre sur pied une multitude de surveillants pour empêcher que chaque cellule ne soit transformée en cabaret ou en mauvais lieu. Dans des cellules particulières? Mais nous retombons dans la nécessité dispendieuse de créer de vastes emplacements, car on ne peut songer dans aucun cas d'établir des parloirs communs, puisque le régime de la séparation recevrait un échec trop sensible de cet expédient.

On se fait difficilement une idée de la quantité de visiteurs qui affluent aujourd'hui dans nos prisons; elles ressemblent, en certains jours, à des foires ou à des marchés. Les inconvénients que je signale seraient fort sérieux dans la pratique, si les règlements d'administration publique qui doivent intervenir ne corrigeaient point ce qu'il y a d'excessif dans les concessions du projet.

Quoi qu'il en soit, et dans le cas même où le législateur ne jugerait pas opportun d'amender lui-même son œuvre sous ce rapport, au moins serait-il très-désirable qu'on ne partageât point entre le pouvoir judiciaire et l'administration le droit d'examiner si le gardien-chef a eu raison ou tort de refuser à tels ou tels visiteurs l'accès de la prison.

Si le juge intervient dans cette question, c'est sans doute pour empêcher qu'au moyen d'une séquestration trop complète du prévenu on ne mette en péril sa santé physique et morale; mais alors pourquoi n'a-t-il pas mission aussi de s'enquérir si on lui procure une heure au moins d'exercice par jour, une nourriture saine, une cellule suffisamment spacieuse? Ce magistrat serait fort embarrassé dans la plupart des cas pour user de ses prérogatives. Qu'un détenu se plaigne de son gardien, qui a refusé de recevoir un prétendu parent ou un prétendu ami du dehors : comment le juge tranchera-t-il le débat entre le prévenu et le gardien? comment saura-t-il si le parent ou l'ami sont bien ou mal famés? si les heures auxquelles ils se sont présentés étaient bien ou mal choisies? s'ils n'entendaient pas profiter de leurs visites aux prévenus pour apporter du vin et du tabac aux condamnés? Donner au juge le droit de résoudre ces questions, c'est lui donner en même temps celui de s'immiscer dans tous les détails du régime intérieur; c'est créer une source de conflits entre les autorités judiciaires et les autorités administratives. Il est plus prudent et plus rationnel de concentrer la surveillance des prévenus et accusés entre les mains du ministre et de ses délégués, les préfets et sous-préfets.

GERS.

Les agents préposés à l'administration et à la garde des prisons dépendent exclusivement de l'autorité administrative (article 4) : il semblerait donc au premier abord que leurs décisions ne devraient point être soumises au contrôle établi en l'article 10. Il y a plus : la rédaction un peu vague de cet article laisse supposer que les décisions du préfet lui-même pourront être annulées par le magistrat instructeur. C'est là un fait grave et dont rien ne justifie la nécessité.

La pensée qui a fondé les commissions de surveillance; les prescriptions des articles 27, 28 et 29, sont bonnes et utiles; mais il y a loin de là à établir en quelque sorte deux administrations dans une même administration. La commission de surveillance ne peut rien pour ou contre le condamné : l'autorité judiciaire peut beaucoup; elle infirme et annule les dispositions des gardiens-chefs, et on voit en effet, surtout dans les maisons départementales où les différentes classes de détenus sont confondues, que les chefs de ces maisons hésitent journellement entre les prescriptions de l'autorité administrative, agissant comme préposée à la police, et par conséquent sous sa direction, et celle de l'autorité judiciaire exerçant son action dans une tout autre sphère.

Il semblerait donc utile, au point de vue de l'unité d'administration et de police des prisons, que l'article 10 fût rédigé dans un autre esprit, et qu'un article additionnel fût ajouté dans la loi, soit à l'occasion du titre III, soit de tout autre, pour rendre au ministre de l'intérieur la faculté de prendre les mesures qui sont aujourd'hui du ressort du ministère de la justice, et séparer complétement son action de celle de l'autorité judiciaire.

ILLE-ET-VILAINE.

§ 1er. — On devrait dire : Pourront être autorisés à communiquer. Si la communication a lieu de droit, et surtout avec les amis, il en résultera nécessairement embarras et désordre dans la maison.

§ 2. — Le magistrat chargé de l'instruction doit pouvoir s'opposer à ce qu'il y ait communication entre les inculpés, prévenus et accusés, et leurs conseils, parents ou amis, de telle sorte que son consentement soit nécessaire pour que l'administration puisse autoriser ces communications; mais il faut en même temps que l'administration puisse les interdire si, par des motifs étrangers à l'instruction, elle juge devoir le faire.

ISÈRE.

Il me semble qu'on peut craindre de perdre le fruit de la moralisation recherchée par la détention en cellule, en admettant, article 10, que les inculpés, prévenus et accusés, pourront communiquer tous les jours avec leurs parents et amis. Ce serait s'exposer à faciliter les relations avec des complices et avec des gens sans moralité.

Le juge d'instruction pourrait prononcer sur le refus prévu par le deuxième paragraphe de cet article 10, quand ce refus se rapportera au conseil ou à l'avocat des détenus; mais, hors ce cas, j'aurais pensé que l'administration seule devait être appelée à prononcer.

LOIR-ET-CHER.

L'autorisation de communiquer avec leurs conseils, leurs parents et amis, devrait être accordée aux prévenus par les magistrats instructeurs.

LOIRE (HAUTE-).

D'après l'article 10, les inculpés, prévenus et accusés, pourront communiquer tous les jours avec leurs conseils, parents et amis. Cette faculté, celle accordée aux amis surtout, établira dans les prisons des allées et des venues continuelles, qui entraveront indispensablement la marche régulière du service, et nuiront essentiellement au maintien de l'ordre intérieur. Je pense que les individus mentionnés dans cet article ne devraient communiquer qu'avec leurs conseils, ce qui est de droit, et ne recevoir de visites de leurs parents que sur l'autorisation du préfet.

LOIRET.

Cet article ne suppose pas la possibilité d'un refus du chef de la maison de laisser communiquer entre eux les détenus compris dans la même instruction. Ce cas pouvant se présenter, il conviendrait de le prévoir.

LOT.

Des motifs d'humanité m'empêchent d'improuver ces communications entre détenus, quoique cependant elles puissent entraîner de graves inconvénients; mais, pour
les prévenir autant que possible, je voudrais que ce ne fût ni par le préfet ni par le
chef de la maison, mais directement et par le juge d'instruction seul, que pussent
être autorisées ces visites; quoique des accusés ne soient pas impliqués dans les
mêmes poursuites, ils peuvent cependant se donner les uns aux autres des indications,
des renseignements, au moyen desquels ils parviendront peut-être à rendre plus difficile la manifestation de la vérité. Ils peuvent aussi, dans leurs rapports avec les personnes de l'extérieur, recevoir ou transmettre des instructions dans le même objet.
Le magistrat qui informe peut seul savoir si ce danger existe réellement. A la vérité,
les articles que j'ai analysés excluent de leurs dispositions le cas où il aurait ordonné
le secret; mais ce qu'il n'a pas fait encore, un nouveau document peut le déterminer
à le faire. D'ailleurs, sans qu'il soit nécessaire de prendre contre l'inculpé cette mesure
rigoureuse, il peut être cependant essentiel qu'il ne communique pas avec tel ou
tel individu, et c'est là encore ce que sait seul le juge instructeur.

D'un autre côté, n'est-ce pas un pouvoir exorbitant donné au chef de la maison,
que celui de permettre ou d'interdire les communications entre les détenus parents
ou alliés? N'abusera-t-il jamais de son autorité? N'en fera-t-il pas quelquefois un
usage dangereux, en rapprochant des individus que, dans l'intérêt de la justice, il
aurait dû tenir séparés? Enfin je ne comprends pas, je l'avoue, pourquoi les parents
ou alliés devront s'adresser à lui pour obtenir la permission de communiquer, tandis
que les étrangers devront la demander au préfet; je ne le comprends pas, car le
législateur ne doit pas consulter seulement le besoin plus ou moins vif de se voir
qu'éprouveront deux détenus; il doit considérer surtout le danger de ces sortes de
visites, et, ici, il est le même dans un cas que dans l'autre. Tels sont les motifs sur
lesquels est fondée l'opinion que j'exprimais tout à l'heure, que le magistrat chargé
de l'instruction devrait seul être laissé le juge de l'opportunité des communications
des détenus, soit entre eux, soit avec les personnes du dehors.

MARNE.

La faculté accordée aux inculpés, prévenus et accusés de communiquer tous les
jours avec leurs conseils, parents et amis, c'est-à-dire avec tout le monde (puisque
chaque personne qui voudra communiquer avec un détenu pourra se dire son ami),
semble bien large, car les demandes de communication se multiplieront d'autant plus
que les détenus seront soumis à un régime plus sévère. Or comment pourra-t-on
admettre tous les prévenus à communiquer chaque jour avec tous ceux qui jugeront
à propos de le demander? Il n'y aura ni assez de parloirs pour recevoir les visiteurs,

ni assez de gardiens pour les surveiller. Une faculté aussi étendue conduirait inévitablement à une impossibilité, et donnerait lieu à des désordres, à des difficultés, à des plaintes, à des réclamations qui jetteraient la perturbation dans les prisons, pour peu que la population en fût nombreuse. Il serait préférable de limiter la faculté de communiquer tous les jours aux seuls conseils des détenus, et de dire qu'à l'égard des autres personnes, les communications auront lieu aux époques, pendant le temps et de la manière qui seront déterminés par le règlement particulier de la prison.

On doit regretter ici que la Chambre des députés ait cru devoir faire intervenir le pouvoir judiciaire pour statuer sur les difficultés qui pourront s'élever au sujet des communications. Son intervention comme son autorité dans la prison devraient se borner à ce qui concerne l'instruction et la liberté individuelle; mais la police proprement dite devrait être du ressort exclusif de l'autorité administrative; or en attribuer une partie à l'autorité judiciaire, c'est porter atteinte à l'unité de surveillance, qui est une des conditions du maintien de la discipline. C'est seulement par une exacte division des pouvoirs qu'on peut espérer de conserver la bonne harmonie entre les deux autorités, et le législateur devrait éviter avec soin tout ce qui pourrait amener des froissements et des conflits d'amour-propre. N'est-ce pas, au surplus, une étrange anomalie que d'un côté ce soit le juge qui permette les communications entre les parents et alliés détenus, ainsi qu'entre les inculpés, prévenus et accusés détenus, et leurs parents et alliés non détenus, et que, d'un autre côté, il appartienne au préfet d'autoriser les détenus non parents ni alliés à communiquer entre eux? N'est-il pas contraire à la raison que le juge, qui n'a pas la police de la prison, puisse néanmoins autoriser des communications soit intérieures, soit avec le dehors, sans être à même d'apprécier si ces communications ne compromettront pas le bon ordre et la discipline de la maison?

Ne conviendrait-il pas d'ajouter à ce titre une disposition analogue à celle de l'article 58 du règlement du 30 octobre 1841, et portant que l'introduction de vivres et autres objets que les inculpés, prévenus et accusés feraient venir du dehors, serait soumise aux conditions et limitations déterminées par le règlement de la prison?

MOSELLE.

Il serait, ce me semble, utile de dire *par qui* il sera référé du refus de laisser communiquer, et, pour éviter tout abus, de prescrire un *refus écrit*, afin que l'individu à qui le refus est fait, de même que le fonctionnaire qui a fait ce refus, aient réciproquement la faculté, le premier de réclamer, celui-ci de justifier ce qu'il a fait.

PYRÉNÉES-ORIENTALES.

Le pouvoir des magistrats chargés de l'instruction se borne à interdire, dans l'intérèt de cette instruction, les communications qui pourraient en compromettre le résultat.

La disposition de l'article 11 assure l'effet de l'interdiction qui serait ainsi ordonnée.

Quand cette interdiction n'existe pas, ou quand elle a été levée par qui de droit, les communications des détenus, soit entre eux, soit avec leurs parents ou amis du dehors, ne sont plus qu'une affaire de surveillance de police ou de discipline, dont la connaissance ne regarde que l'autorité chargée de la surveillance de la prison.

Les communications autorisées par l'article 8 n'intéressent ni l'instruction, ni l'action de la justice : pourquoi donc établir qu'en cas de refus de la part du chef de la maison, il en sera référé aux magistrats chargés de l'instruction, et donner à ces magistrats le pouvoir de permettre les communications demandées?

Si par mesure de discipline, et en vertu de l'article 45, le préposé en chef a jugé nécessaire d'interdire à un détenu de communiquer avec ses parents et amis, le juge d'instruction aura donc le droit de lui demander compte de cette mesure disciplinaire, de la modifier, de la rapporter même alors qu'elle aurait été approuvée par le préfet, de réformer par suite la décision du préfet? Alors ce n'est plus au préfet, mais au juge d'instruction, qu'appartient la discipline de la prison.

Les communications des détenus avec leurs parents et amis, dans le cas de l'article 10, peuvent avoir de très-graves conséquences pour la sûreté intérieure de la prison et la garde des prisonniers, choses qui touchent à la seule responsabilité de l'autorité administrative.

Transporter le pouvoir de permettre ces communications du préfet au juge d'instruction, c'est déplacer et confondre les attributions, c'est en outre mettre l'action d'un côté, la responsabilité de l'autre.

SAONE-ET-LOIRE.

Cet article porte que les inculpés et les accusés *pourront* communiquer *tous les jours* avec leurs conseils, parents et amis. Ce mot *pourront* tendrait à faire considérer cette faculté de communication comme un droit conféré aux prévenus et accusés. S'il en était ainsi, l'application de cet article présenterait presque tous les inconvénients signalés dans le numéro 1er, à l'égard de la multiplicité des préaux. L'opportunité de ces communications devrait être laissée non-seulement à l'appréciation du chef de la maison et du magistrat instructeur, mais encore à leur disposition. Le caractère de ce magistrat offre une garantie suffisante contre tout arbitraire en pareille circonstance.

SEINE. (Préfet de police.)

Quant aux communications *journalières* des prévenus et accusés avec leurs conseils, parents et amis, communications qu'autorise l'article 10, elles seraient matériellement impossibles dans les prisons de la Seine, qui renferment ordinairement de 1,500 à 2,000 prévenus, et je voudrais que le projet de loi, laissant sous ce rapport toute latitude à l'administration, portât seulement que ces communications auront lieu aux jours et heures qui auront été fixés par les règlements.

SEINE-ET-OISE.

Il me semble que puisque la police des prisons est attribuée par l'article 1er de la loi à l'autorité administrative, c'est à cette autorité qu'il en doit être référé dans le cas prévu d'un refus du chef de la prison de laisser communiquer, et non aux magistrats chargés de l'instruction.

Il se peut que le refus du chef de la prison soit mal fondé et mérite un blâme; ce blâme ne saurait être exprimé par les magistrats sans des inconvénients qui amèneraient entre les deux autorités des conflits qu'il est prudent d'éviter.

Je pense donc que cette disposition a besoin d'être modifiée en substituant l'autorité administrative à l'autorité judiciaire et en mettant : « Il en sera référé au préfet dans le « chef-lieu du département, et au sous-préfet dans les chefs-lieux d'arrondissement. »

SOMME.

Le projet de loi ne paraît pas, dans cette circonstance, maintenir assez nettement la distinction qui doit exister entre l'influence de l'autorité administrative chargée spécialement de la police de la prison et celle du juge, dont les pouvoirs ne devraient pas s'étendre au delà des mesures nécessaires pour la découverte de la vérité et qui intéressent l'instruction. En effet, l'article 10 statue que c'est le juge d'instruction qui autorise les communications entre parents et alliés détenus ensemble, entre les détenus et leurs conseils, parents et amis. Il paraîtrait plus conforme aux principes que ce fût auprès de l'autorité administrative, et non pas auprès de l'autorité judiciaire, que s'exerçât le recours contre la décision du chef de la prison. Le droit du juge ne saurait être autre que celui d'ordonner le secret absolu ou partiel du détenu, suivant les besoins de l'instruction, et ce droit est suffisamment réservé par l'article 11 du projet. L'intervention du juge, pour ce qui concerne les mesures d'ordre et la discipline intérieure de la prison (les permis de communiquer ont ce caractère), ne paraît justifiée par aucun motif plausible. Elle contredit le principe consigné à l'article 1er de la loi, que toutes les prisons sont placées sous l'autorité du ministre chargé de l'administration départementale.

TARN-ET-GARONNE.

Cet article n'est susceptible d'aucune observation en ce qui concerne les avocats. Mais les parents et amis ne devront point avoir la faculté de manger ou boire dans la prison, ni d'y rester au delà du temps accordé par les règlements.

Si le préposé a par devers lui des motifs pour refuser la communication demandée, il devra les communiquer aux magistrats chargés de l'instruction.

VAUCLUSE.

Cet article devrait limiter à certains jours de la semaine le droit de communication entre les détenus et leurs parents et amis ; par exemple, à trois fois avec les parents, et deux seulement avec les amis. Par ce moyen on éviterait, autant que possible, les abus. Il devrait aussi être interdit à tout individu repris de justice de conférer avec les détenus.

ART. 11.

Les communications autorisées par les articles 8, 9 et 10 ne pourront avoir lieu dans le cas où les magistrats chargés de l'instruction auraient ordonné que le prévenu fût privé de toute communication.

DOUBS.

Les dispositions de cet article viennent à l'appui de ce que j'ai dit sur l'article précédent. Si les magistrats n'ont pas interdit les communications, pourquoi les rend-on juges du refus du chef de la maison d'autoriser ces communications ? Le chef de la maison ne refusera évidemment que pour des raisons d'ordre et de discipline dont l'administration doit être juge.

GERS.

Toute garantie est accordée à l'autorité judiciaire pour la recherche de la vérité. L'article 11 établit que toute communication ne pourra avoir lieu quand l'instruction aura ordonné que le détenu en soit privé. Cette disposition ne gêne en rien l'action de l'autorité administrative : elle reçoit le prévenu dans les conditions où il plaît à l'autorité judiciaire de le lui remettre : il n'y a pas là conflit. Le prévenu appartient à la justice ; qu'en dehors de la prison il soit pris par elle une décision, et que cette décision, les directeurs de la prison soient tenus de la respecter, rien de mieux ; mais il ne s'ensuit pas que pour un fait intérieur, pour une contestation soulevée entre le prévenu et le chef de la maison, celui-ci soit soumis au contrôle d'une autorité dont il ne dépend pas. Il semblerait donc que, même dans ce cas, l'autorité administrative aurait seule le droit de prendre une décision, sauf à l'autorité judiciaire à lui transmettre ce qu'elle croit utile ou nécessaire.

LOIR-ET-CHER.

Il conviendrait de décider que les lettres ne seront jetées à la poste ou remises aux conseils, parents ou amis, par les soins et sous la responsabilité du concierge en chef, qu'après avoir été soumises au commissaire de service et visées par lui, sauf à celui-ci à communiquer au magistrat instructeur ces mêmes lettres lorsqu'elles lui sembleront contenir des dispositions qui se rattacheraient au crime ou au délit reproché au signataire.

ART. 12.

Les prévenus et accusés pourront travailler dans leur cellule à tous les ouvrages compatibles avec la sûreté et l'ordre de la maison.

Le produit de leur travail leur appartiendra.

CHARENTE-INFÉRIEURE.

Il conviendrait qu'une portion du produit du travail des prévenus et des accusés fût attribuée à la maison pour l'indemniser de la dépense que lui occasionnera la fourniture des métiers, outils, etc.

DORDOGNE.

Le produit du travail des prévenus et accusés appartenant intégralement à ceux-ci, il paraîtrait juste d'insérer dans cet article qu'ils devront se procurer à leurs frais les outils et matières premières nécessaires à la confection des ouvrages. Le travail n'est pas obligatoire pour eux, et comme l'époque de la cessation de leur prévention peut les trouver en possession d'objets non entièrement confectionnés, le règlement et le remboursement des avances qui leur auraient été faites par l'administration des prisons éprouveraient les plus grandes difficultés.

DROME.

Les *prévenus* et *accusés* qui conserveront le produit intégral de leur travail ne devront pas, sans doute, être astreints au régime alimentaire imposé aux condamnés. Il serait bon qu'un article spécial leur réservât la faculté de faire venir du dehors les vivres qu'ils désireraient avoir, sauf à établir un maximum pour la quantité de boissons spiritueuses qu'ils réclameraient.

PYRÉNÉES-ORIENTALES.

L'administration doit avoir le droit de prélever sur le produit du travail des prévenus et accusés le payement des dégâts commis par eux. Les termes absolus du deuxième paragraphe pourraient être un obstacle à l'exercice de ce droit, dont il serait bon de faire expressément la réserve.

HAUT-RHIN.

Le titre II relatif au régime des prisons affectées aux inculpés, *prévenus* et *accusés*, ne renferme aucune disposition qui autorise ces derniers à recevoir des objets du dehors, faculté accordée cependant par l'article 25 aux condamnés *à moins d'un an d'emprisonnement.* Ils seraient donc traités moins favorablement que ceux-ci. C'est là sans doute une omission, et elle pourrait être réparée par l'adjonction à l'article 12 d'un paragraphe ainsi conçu : « Ils pourront recevoir du dehors, *dans les limites du « règlement de la maison,* des objets admis par le préposé en chef ou directeur, *avec le « consentement préalable* du membre de la commission de surveillance qui sera de « service. »

SAONE-ET-LOIRE.

L'article 12 veut que le produit du travail des prévenus et accusés leur appartienne. Je n'ai aucune objection contre ce principe, mais je crois qu'il serait juste d'ajouter ce correctif : *sauf le prélèvement des frais faits pour procurer ce travail et en échanger les produits,*

VIENNE.

Les prévenus et accusés sont réputés innocents ; ils n'appartiennent pas encore à l'État, et on peut leur abandonner le produit de leur travail. Mais pourquoi ne pas rendre le travail obligatoire? Si le travail est considéré comme une peine, il y a parmi eux des hommes bien dangereux, des récidivistes qui ne méritent aucune indulgence. D'ailleurs, l'espérance d'être rendus à la liberté du jour au lendemain portera naturellement les détenus de cette classe à n'entreprendre aucun travail. La solitude avec l'espoir d'une prompte sortie n'engendrera pas des idées de moralisation. Les détentions préventives sont quelquefois très-longues. Une détention prolongée et oisive détruirait l'habitude du travail, et l'accusé rendu à la liberté apporterait dans sa famille un funeste penchant à la paresse. En rendant le travail obligatoire, on donne de l'efficacité à la mesure qui en accorde le produit au détenu ; on lui réserve des ressources pour l'instant où il deviendra libre.

ART. 16.

Dans le cas où il serait nécessaire de recevoir dans la même maison des condamnés à la reclusion et à l'emprisonnement, ils seront renfermés dans des quartiers distincts, qui porteront les noms de quartier de la reclusion et quartier de l'emprisonnement.

ALPES (BASSES-).

Les articles 16 et 17 prévoient le cas où les condamnés à la reclusion et à l'emprisonnement seraient reçus dans la même maison, et veulent qu'il y ait des quartiers distincts pour chaque classe. Ainsi il n'y aurait d'autre différence entre eux que celle de la dénomination des quartiers particuliers où ils seraient placés, puisque le régime serait le même pour les deux catégories, d'après l'article 21.

De là deux inconvénients auxquels il serait bon de remédier : 1° dans l'esprit de beaucoup de gens la peine la plus forte se confondrait en quelque sorte avec la plus légère, à la faveur de cette assimilation apparente, et elle perdrait une partie de son effet moral ; 2° un nombre d'autres y verront une plus grande flétrissure imprimée aux condamnés à l'emprisonnement, par cela seul qu'ils se trouveraient renfermés dans la même maison que les reclusionnaires, avec lesquels on les confondrait aisément.

GIRONDE.

La distinction en quartiers des prisons cellulaires est bonne, sans doute, comme mesure d'ordre, mais elle n'a pas une importance très-grande si l'isolement est observé. L'administration pourrait avoir à regretter, dans certains cas, de s'être imposé une gêne légale.

Il peut arriver que le quartier de la reclusion ait plusieurs places vacantes, pendant que celui de l'emprisonnement ne pourra pas loger tous les condamnés, et réciproquement. Où serait le mal si l'on disposait des cellules vides ?

Le pourra-t-on faire si la loi est formelle à la division en quartiers ?

Les femmes condamnées aux travaux forcés, à la reclusion et à l'emprisonnement sont actuellement placées ensemble, dans les mêmes maisons, sous le régime de la communauté ; quand elles subiront leur peine en cellule, la même maison et le même quartier pourraient, à fortiori, les contenir sans nul inconvénient.

Les places sont chères dans les prisons cellulaires ; il ne faudrait pas augmenter la dépense par des divisions obligatoires, par suite desquelles il y aurait forcément, dans bien des circonstances, des cellules vides d'un côté et du trop plein de l'autre.

ART. 18.

Les enfants condamnés en vertu des articles 67 et 69 du Code pénal, et les enfants détenus, soit en vertu de l'article 66 du même Code, soit par voie de correction paternelle, seront détenus dans des maisons spéciales.

Ceux des enfants ci-dessus dénommés qui ne pourront être placés dans une maison spéciale, ainsi qu'il vient d'être dit, seront renfermés dans la maison des condamnés à l'emprisonnement, où un quartier distinct leur sera consacré.

CHARENTE-INFÉRIEURE.

Cet article ne dit pas si les enfants seront isolés les uns des autres le jour et la nuit; la morale semble l'exiger. Il semble aussi, dans l'hypothèse contraire, c'est-à-dire si les enfants sont réunis et vivent ensemble, que ceux renfermés par voie de correction paternelle ne pourront, dans aucun cas, être confondus avec ceux condamnés par les cours d'assises ou les tribunaux. Cet article n'est donc point assez explicite.

EURE-ET-LOIR.

Il nous paraît tout naturel que les enfants condamnés en exécution de l'article 66, c'est-à-dire ceux âgés de moins de seize ans, qui ont agi *sans* discernement, et ceux indiqués par l'article 69, et qui n'ont commis qu'un simple délit, soient mis par la loi sur la même ligne et traités de la même manière; mais nous ne concevons pas qu'il ne soit pas fait une position à part pour ceux indiqués par l'article .67, en laissant toutefois à l'administration la faculté d'étudier le moral de ces derniers et d'apprécier s'il convient d'user envers eux des moyens d'éducation correctionnelle, toujours applicables à ceux qui sont dans les cas prévus par les articles 66 et 69.

Il nous semble opportun de faire aux enfants indiqués par l'article 67, qui peuvent être très-criminels, une position spéciale.

Les enfants indiqués par les articles 66 et 69 du Code pénal doivent fixer particulièrement les préoccupations du législateur : ce sont ceux-là que la société doit adopter, doit entourer de tous les soins possibles pour parvenir à les améliorer; il nous semble que la loi projetée ne pose pas assez nettement, quant à eux, les obligations de l'État.

Le projet indique qu'ils seront détenus dans des maisons spéciales, mais le législateur doit indiquer le caractère de ces maisons; elles doivent être des établissements d'éducation correctionnelle. Il convient que la loi l'exprime, et qu'elle donne à la société l'assurance que le Gouvernement organisera ces maisons.

Et puisque le besoin de créer une éducation correctionnelle est si démontré, nous dirons qu'il ne nous semble pas possible que cette éducation soit organisée avec isolement; il faut qu'elle soit donnée en commun; l'émulation hâtera les progrès vers la moralisation.

La maison de Mettray offre un modèle parfait; pourquoi l'État ne prendrait-il pas l'initiative ? C'est à lui qu'il appartient de préparer et d'accomplir l'œuvre de moralisation de cette portion intéressante de la société, en créant des maisons à l'instar de celle de Mettray. Que l'on ne s'effraye pas de la dépense, ce sera de l'argent placé à haut intérêt.

On a objecté qu'il valait mieux que ces jeunes détenus fussent renfermés sous les yeux de leurs père et mère ; nous sommes d'un avis diamétralement contraire : en voici le motif.

La majorité de ces enfants appartient à des pères et mères qui s'en préoccupent peu, qui sont des gens sans aveu, livrés à l'ivrognerie, à la mendicité, au vagabondage; les exceptions sont infiniment rares. Ainsi ce rapprochement nonseulement n'est pas nécessaire, mais au contraire il est dangereux ; et même une des conditions essentielles des maisons d'éducation correctionnelle telles que Mettray nous semble devoir être de n'autoriser que très-rarement, et avec une extrême circonspection, les communications des enfants avec leurs père et mère et autres parents.

L'article 18 nous suggère encore une observation qui nous semble devoir fixer l'attention.

Cet article comprend dans ses dispositions les enfants détenus par correction paternelle. Nous demandons encore que la loi établisse à leur égard une distinction qui leur est due.

Et d'abord, l'expression *correction paternelle* nous semble devoir être remplacée par une autre, afin qu'on ne puisse élever de doute sur la volonté de la loi. La mère a des droits définis dans le Code civil ; il faut les lui conserver. Il nous paraît donc qu'il faudrait désigner ces enfants de cette manière : *Les enfants détenus en exécution du titre IX du livre Ier du Code civil.*

La position de ces enfants n'est pas la même que celle des enfants compris aux articles 66 et 69 du Code pénal. Le Code civil en laissant à la puissance paternelle ce droit de correction, ne les a pas frappés de cette espèce de flétrissure dont le Code pénal a marqué ceux dont il règle le sort. Il est de convenance et d'équité de conserver aux enfants soumis à la puissance paternelle le caractère qui leur a été attribué par nos lois.

C'est pour eux que nous demandons qu'ils soient détenus *autant que possible* dans les prisons de leur localité respective, et sous les yeux de leurs parents. Ces enfants, auxquels le plus souvent on ne reprochera que des écarts, ne doivent pas être séparés de leurs père et mère, qui, en les visitant souvent, en leur donnant de

8.

bons avis, les porteront au repentir, les ramèneront à de bons sentiments, apprécieront ces sentiments et abrégeront leur détention.

NORD.

Il me paraît impossible que les enfants détenus par voie de correction paternelle soient mêlés avec d'autres jeunes détenus : ce serait procéder contre le vœu du législateur ; ce serait rendre la correction paternelle dangereuse pour l'enfant et pour sa famille, par conséquent inapplicable. Je crois donc que le projet ferait bien de consacrer cette distinction, et de disposer que les enfants détenus par voie de correction paternelle seront enfermés dans des maisons spéciales ou dans des quartiers distincts, où il leur sera appliqué, non pas un régime commun, mais le régime qui paraîtra de nature à opérer le plus efficacement sur chacun d'eux.

RHIN (BAS-).

L'avenir du système pénitentiaire, ses résultats probables, reposent tout entiers dans la possibilité d'améliorer ces jeunes détenus que la misère et l'abandon conduisent le plus souvent en prison. Pour obtenir cette amélioration, il est indispensable que les personnes chargées de la garde de ces infortunés s'en occupent à chaque instant du jour et exclusivement, ce qu'elles ne pourraient faire si elles étaient préoccupées du soin de veiller sur des prisonniers adultes.

ART. 19.

Les condamnés à l'emprisonnement d'un an et au-dessous pourront être détenus dans les mêmes prisons que les inculpés, les prévenus et les accusés.

DOUBS.

La séparation de nuit et de jour ôte à peu près toute valeur à la destination des maisons. Qu'importe, en effet, qu'il n'y ait qu'une même maison pour les condamnés au-dessous d'un an et les prévenus et accusés, puisque tous les sujets seront rigoureusement séparés, et que chacun aura, pour ainsi dire, sa prison particulière ?

DROME.

Si les condamnés à moins d'un an sont placés dans le même quartier que les inculpés, les *prévenus* et les accusés, conformément à l'article 19, ce qui ne présenterait aucun inconvénient, attendu la séparation cellulaire, il y aurait lieu d'assigner une cour spéciale aux condamnés, en supposant qu'on leur permît de prendre l'air dans les mêmes conditions que les prévenus

LOIRE-INFÉRIEURE.

Dans l'impuissance de créer des peines réellement graduées et différentes, notre législation ne conserve que des distinctions purement nominales avec des conséquences morales variées. Dans le fait matériel, il n'y a que la prison. Mais on distingue les prisonniers censés morts, les prisonniers frappés d'infamie, les prisonniers dont l'infamie n'est que relative, et enfin les prisonniers dont l'honneur reste intact; autrement dit, et dans le langage légal, des individus condamnés à des peines telles que le bannissement et les travaux forcés à perpétuité, les travaux forcés à temps et la reclusion, les peines correctionnelles relativement à la garde nationale, au recrutement de l'armée, à l'instruction publique, au droit de chasse, etc., et enfin les peines correctionnelles légères et celles de simple police. Il y a de plus une classe de prisonniers réputés innocents : ce sont les inculpés, les prévenus et les accusés.

C'est un mal incontestable que cette nécessité de renfermer dans des maisons semblables, sous un régime presque identique, des catégories si diverses; la loi projetée l'a compris, et a cherché à obtenir partout des distinctions effectives, de telle sorte que le nom de la maison présentât une idée nette et précise en raison de la nature des fautes commises par ceux qu'elle renferme. Cependant, en raison des difficultés financières d'une semblable répartition dans tous les cas, elle a permis (art. 16, 17, 18) que les mêmes établissements pussent recevoir des classes différentes de détenus; mais elle a ordonné, dans ce cas, qu'il y eût des quartiers spéciaux portant chacun des dénominations différentes.

L'article 19 fait seul exception à ces sages prescriptions : il confond dans la même prison les condamnés à moins d'un an, les inculpés, les prévenus et les accusés, c'est-à-dire les innocents et les coupables. Il me semble nécessaire de libeller l'article 19 comme les articles précédents, et de prescrire des quartiers spéciaux, avec des dénominations différentes, pour toutes ces classes.

NORD.

Le régime qui serait appliqué aux condamnés devant être plus rigoureux que celui des prévenus et accusés, cet article ne pourrait-il pas ajouter qu'en cas de réunion dans la même maison un quartier distinct serait affecté aux condamnés ? Cela serait juste d'abord, en évitant tout mélange, même apparent et extérieur, et serait utile pour le maintien du bon ordre dans la maison.

PYRÉNÉES (HAUTES-).

L'article 19 ne me paraît devoir donner lieu à aucune observation, si ce n'est qu'il aurait dû dire que les condamnés à l'emprisonnement d'un an et au-dessous seraient renfermés *dans un quartier* distinct, comme cela a été dit dans les articles 16, 17 et 18.

ART. 20.

Les enfants condamnés en vertu de l'article 69 du Code pénal et les enfants détenus en vertu de l'article 66 pourront être placés en apprentissage, soit chez des cultivateurs, des artisans ou des industriels, soit dans des établissements spéciaux, avec la réserve expresse, pour l'administration, du droit d'ordonner leur réintégration dans les maisons spécifiées en l'article 18.

La mise en apprentissage et la réintégration auront lieu en vertu des ordres de l'administration et sur l'avis du ministère public.

ALPES (HAUTES-).

La mise en apprentissage des jeunes condamnés est une faculté laissée par la loi à l'administration. Elle peut donc en user quand elle le juge nécessaire, ou ordonner la détention. Rarement ces enfants sont bien placés dans les campagnes ou chez les maîtres qui les reçoivent, et l'on peut dire que jusqu'ici les résultats de cette mesure ne sont pas satisfaisants. On ne s'occupe pas assez de l'amélioration morale de ces enfants, et, de la part de celui qui les reçoit, c'est plutôt un traité intéressé qu'un acte d'humanité. Les inconvénients seraient moins grands peut-être si les enfants étaient soumis préalablement à l'emprisonnement cellulaire pendant un ou deux ans.

CANTAL.

Le second paragraphe de l'article 20 me paraît devoir entraîner certaines difficultés d'exécution. Si l'avis du ministère public est nécessaire pour que l'administration puisse mettre en apprentissage ou ordonner la réintégration dans les prisons des enfants qu'on y aurait déjà placés, il est à craindre que la difficulté de mettre d'accord les deux autorités ne s'oppose à des mesures utiles. Cette disposition est, du reste, contraire au principe qui veut que tous les condamnés soient placés sous la surveillance exclusive en quelque sorte de l'administration.

EURE-ET-LOIR.

Le vœu que nous venons d'exprimer de la création de maisons d'éducation correctionnelle nous dispense de nous expliquer sur les articles 19 et 20, qui deviendraient sans objet si ce vœu était réalisé.

Toutefois, si nos désirs n'étaient pas entendus et si l'article 20 devait être conservé dans la loi proposée, nous demanderions que l'on y ajoutât que la commission de surveillance sera consultée. C'est elle qui, dans ce cas, représente la famille; il faut la saisir le plus possible de l'œuvre de moralisation qu'on se propose.

GARD.

Cet article déclare que les enfants condamnés en vertu de l'article 69 du Code pénal et les enfants détenus en vertu de l'article 66 pourront être placés en apprentissage : on a gardé le silence sur les enfants condamnés en vertu de l'article 67 et sur ceux qui sont détenus par voie de correction paternelle. Le silence ne doit pas être interprété sans doute dans un sens exclusif, surtout en ce qui touche les enfants condamnés en vertu de l'article 67, car bien qu'ils soient coupables de crimes, tandis que les enfants cités en l'article 69 ne le soient que de délits, je ne pense pas que le législateur ait entendu les tenir à l'écart des moyens de moralisation qu'il a ouverts dans l'article 20 en faveur des enfants condamnés en vertu de l'article 69 du Code pénal.

LOIRET.

Je désirerais que la faculté accordée à l'administration de mettre en apprentissage les enfants détenus ou condamnés en vertu des articles 66 ou 69 du Code pénal, pût s'étendre aux enfants condamnés en vertu de l'article 67. La cause de leur détention est plus grave, il est vrai, puisqu'ils ont agi avec discernement, mais ce sont des enfants ; l'incarcération individuelle, les exhortations de l'aumônier, les conseils de l'instituteur peuvent produire un grand et salutaire effet sur eux. L'espoir d'être mis en apprentissage les encouragerait puissamment à se bien conduire. Ce ne serait d'ailleurs que facultatif, et l'administration n'en userait qu'avec réserve.

ORNE.

L'article 20 consacre des principes qui reçoivent maintenant leur exécution à l'égard des enfants jugés en vertu de l'article 66 du Code pénal, mais son application me semble vicieuse dans l'assimilation de ces enfants à ceux condamnés par l'article 69 dn même Code. Si la loi établit une différence marquée entre les deux espèces, cette différence doit être respectée jusqu'à l'expiation de la faute ou l'accomplissement de la condamnation.

PYRÉNÉES-ORIENTALES.

La disposition finale de cet article pourra devenir une cause de conflits entre le ministère public et l'administration.

Qu'est-ce qui rend l'intervention du ministère public nécessaire?

Il ne s'agit pas de surveiller, d'assurer l'exécution d'une condamnation.

Dans le cas de l'article 66, il n'y en a pas; dans le cas de l'article 69, comme dans le précédent, le jugement a obtenu tout son effet lorsque l'enfant a été remis à l'administration.

C'est alors la loi qui, en faveur de cet enfant qui a failli par ignorance plus que par méchanceté, substitue à la peine une éducation qui éclaire sa conscience, redresse ses penchants et lui donne les moyens de gagner honnêtement sa vie.

L'administration, chargée de cette éducation, exerce sur l'enfant une sorte de tutelle qui ne peut appartenir qu'à elle.

S'agit-il de le placer en apprentissage? qui peut mieux qu'elle apprécier ses dispositions morales, intellectuelles, les chances d'amélioration qu'il peut présenter, la direction à donner à son éducation et les diverses circonstances dont la recherche et la connaissance ne sont guère dans la ligne des occupations ordinaires du ministère public?

L'enfant une fois placé, qui a le plus de moyens et des moyens plus sûrs de surveillance?

S'agit-il de la réintégration dans la maison spéciale? Pour que le ministère public intervienne, il faut qu'il y ait délit; pour l'administration, une mauvaise conduite, la persévérance de penchants vicieux suffiront. C'est la conséquence de cette tutelle dont je parlais tout à l'heure.

Qu'arrivera-t-il d'ailleurs s'il y a dissentiment entre l'administration et le ministère public; si l'administration est d'avis de placer l'enfant en apprentissage et que le ministère public soit d'un avis contraire; si le ministère public est d'avis qu'il y ait lieu de réintégrer l'enfant dans la maison spéciale et que l'administration refuse? Qui prononcera entre eux?

Chargée en pareil cas de l'éducation et de la correction des enfants, l'administration doit rester maîtresse de prendre sous sa responsabilité le parti qu'elle jugera convenable, après avoir recueilli toutes les informations de nature à l'éclairer sur le caractère d'un enfant, sur sa conduite antérieure.

Elle consultera seulement, et certainement elle n'y manquera jamais, le procureur du Roi du tribunal qui aura prononcé le jugement. C'est ainsi que les choses se passent aujourd'hui, et il ne paraît pas que, jusqu'à présent, cette manière de procéder ait donné lieu à aucune réclamation fondée.

VIENNE (HAUTE-).

Le mode de placement en apprentissage chez des cultivateurs et surtout chez des artisans ou des industriels est reconnu vicieux depuis longtemps : pourquoi donc l'avoir inséré dans la loi nouvelle? La pensée dominante de cette loi est une pensée de moralisation, et c'est principalement chez les jeunes condamnés que cette idée peut être heureusement fécondée. Or, pour peu qu'il y ait d'instinct mauvais, de nature perverse ou de penchant vicieux chez un enfant, la mise en apprentissage pure et simple ne remédie à rien, n'extirpera aucun germe; il lui arrivera, au contraire, quelquefois de les développer.

ART. 22.

Chaque détenu sera renfermé dans un lieu suffisamment spacieux, sain et aéré, conformément à l'article 6, dont toutes les dispositions seront applicables au cas prévu par l'article précédent.

DOUBS.

L'article 22 rappelle l'article 6 en disant que toutes les dispositions en sont applicables *à l'article précédent.*

C'est là une véritable confusion.

Au lieu de faire deux articles qui se réfèrent à l'article 6, n'aurait-il pas mieux valu n'en faire qu'un seul renfermant les dispositions de l'article 6 et formulé ainsi :

« Dans toutes les maisons de travaux forcés, de reclusion et d'emprisonnement, les « condamnés seront séparés les uns des autres pendant le jour et la nuit, sauf l'ex- « ception prévue à l'article 36.

« Chacun aura une cellule suffisamment spacieuse, saine et aérée.

« Une heure au moins d'exercice en plein air sera accordée tous les jours à chacun « d'eux. »

HÉRAULT.

Les dispositions uniformes de l'article 22 (qui semble même assimiler les cellules des condamnés à celles des prévenus) et des articles 28 et 29, qui placent tous les condamnés sur la même ligne, ne seraient-elles pas un obstacle à ce que le Gouvernement pût ensuite établir des différences par ordonnance? Il me paraît qu'une disposition expresse de la loi devrait indiquer que ces différences seraient établies par un règlement d'administration publique.

MARNE.

Il y a lieu de reproduire ici, au sujet de l'introduction des objets venant du dehors, les observations précédemment faites concernant les gardiens-chefs. Il est impossible de se dissimuler que tous ou presque tous pourront bien, en les supposant honnêtes gens et pénétrés de leurs devoirs, se conformer rigoureusement à un ordre qui leur sera donné et ne pas enfreindre une prohibition qui leur sera imposée, mais qu'il est impossible d'attendre de tous assez de discernement pour s'arrêter dans de justes limites si on leur confère la faculté d'autoriser ou de refuser l'entrée des objets envoyés du dehors aux prévenus et accusés. Que serait-ce si, habitués qu'ils étaient à faire des bénéfices que le régime actuel leur a retirés, ils cherchaient à se dédommager en se montrant plus ou moins sévères dans l'exercice du pouvoir qui leur serait confié, suivant qu'ils y trouveraient-plus ou moins d'avantages, et cela sans néanmoins sortir des limites de la faculté qui leur serait donnée ?

ART. 23.

Le travail est obligatoire pour tous les condamnés, à moins qu'ils n'en aient été dispensés par le jugement ou l'arrêt de condamnation.

ALPES (BASSES-).

L'article 23 rend le travail obligatoire pour tous les condamnés; mais il admet une exception résultant de la dispense qui pourrait être prononcée par le jugement ou l'arrêt de condamnation.

Cette faculté laissée aux tribunaux ne tendrait-elle pas à dénaturer les peines et à introduire un principe qui en atténuerait le caractère ? Quelle opinion aurait-on d'un arrêt qui condamnerait un coupable aux *travaux forcés*, et qui le *dispenserait* en même temps *du travail ?* S'il peut exister des causes d'exemption du travail, c'est à l'autorité chargée de la surveillance et de la direction des prisons qu'il appartient de les constater et de les apprécier. C'est un point sur lequel il doit être statué par voie réglementaire. Mais de puissantes considérations recommandent la suppression de la disposition introduite dans le projet de loi.

CHARENTE.

On ne voit pas de prime abord la raison qui a pu engager à donner aux tribunaux la faculté de dispenser du travail. D'une part, le Code pénal fait déjà lui-même du travail une obligation pour tous les condamnés en matière correctionnelle, et, d'un autre côté, l'article 30 du projet de loi considère comme une punition la cessation de travail pour le détenu.

On penserait donc que la question de la dispense du travail devrait être abandonnée à la décision et à la discrétion de l'administration.

CHARENTE-INFÉRIEURE.

On ne voit aucune raison pour laisser aux cours et tribunaux la faculté de dispenser du travail un condamné aux travaux forcés ou à la reclusion, à moins que les infirmités ou sa santé ne lui permettent pas de s'y livrer ; mais dans ce cas, c'est au directeur, assisté du médecin de la maison, à apprécier si un détenu peut ou ne peut pas travailler. On n'admet pas qu'un homme de talent et même de génie qui s'est dégradé en commettant un crime qui lui a mérité une condamnation aux travaux forcés ou à la reclusion puisse être traité avec plus de ménagements qu'un homme du peuple, qu'un ouvrier qui est moins coupable que lui, puisqu'il est moins éclairé. La loi doit être la même pour tous les criminels, puisque tous sont égaux devant elle. Cette observation paraît d'autant plus fondée que l'article 38 du projet donne des garanties bien suffisantes à ceux auxquels la sévérité de la loi inspirerait quelque crainte.

COTE-D'OR.

L'article 23, en déclarant le travail obligatoire pour tous les condamnés, prévoit une exception résultant du jugement ou de l'arrêt de condamnation.

On ne comprend pas l'utilité de cette disposition, et on voit un danger réel à poser l'exception si près de la règle. L'article devrait se borner à la première partie de la phrase et s'arrêter au mot *condamnés*. Les exceptions, si elles deviennent nécessaires, ne pourront être que personnelles et temporaires, et fondées sur des raisons de santé ; l'administration en resterait juge.

ILLE-ET-VILAINE.

Il faudrait que le travail fût obligatoire, sans exception, sauf à exiger de chacun un travail en rapport avec ses forces et ses habitudes.

DEUX-SÈVRES.

A cette disposition, dont l'effet moralisateur est sensible, ne pourrait-il pas en être ajouté une autre qui permît à l'administration d'accorder une dispense de travail pour des motifs graves ou comme récompense, par suite d'une bonne conduite des condamnés?

Cette latitude accordée, l'autorité administrative ne devrait en user que très-rarement.

VIENNE.

Je ne saurais trop m'élever contre la disposition de l'article 23 qui, en rendant le travail obligatoire pour tous les condamnés, permet aux juges de les en dispenser. De cette faculté laissée aux tribunaux découleraient les mêmes abus qu'ont engendrés les circonstances atténuantes : l'exception deviendrait la règle. Comment, d'ailleurs, les juges pourraient-ils apprécier toujours l'état d'un homme qu'ils jugeront d'après une impression passagère? La dispense de travail, si elle doit être accordée, ne doit l'être que par l'administration, après la condamnation, soit pour raison de santé, soit comme récompense.

YONNE.

Il ne nous paraît pas possible de dispenser certains condamnés du travail par le jugement ou l'arrêt de condamnation. Si le travail est considéré comme une aggravation de peine, les jugements des cours et tribunaux qui en dispenseraient un condamné, par le motif sans doute que sa position sociale, plus élevée que celle de ses co-détenus, lui inspirerait de la répugnance à y prendre part, sembleraient consacrer une infraction au principe de l'égalité devant la loi, et pourraient être mal accueillis par le public. Chaque détenu doit travailler dans sa cellule selon sa force physique et son aptitude spéciale. Si quelques-uns d'entre eux peuvent, à cause de la faiblesse de leur santé, être exemptés de toute occupation, il semble que ce serait plutôt à l'autorité administrative, chargée de la surveillance de chacun, à prendre cette mesure, qu'à l'autorité judiciaire à la formuler par un arrêt.

Il vaudrait donc mieux terminer ainsi l'article : *à moins qu'ils n'en aient été dispensés par un arrêté motivé du préfet.*

ART. 24.

Le produit du travail des condamnés appartient à l'État. Cependant une portion déterminée de ce produit pourra être accordée aux condamnés, soit individuellement, soit en commun, soit pendant leur captivité, soit à leur sortie, soit à des époques déterminées après leur sortie; le tout ainsi qu'il sera ordonné par des règlements d'administration publique.

Cette portion ne pourra excéder trois dixièmes pour les condamnés aux travaux forcés, quatre dixièmes pour les condamnés à la reclusion et cinq dixièmes pour les condamnés à l'emprisonnement.

COTE-D'OR.

L'article 24 dispose qu'il pourra être accordé aux condamnés une portion du produit de leur travail; mais l'article 25 interdit à tous condamnés à plus d'un an d'emprisonnement de rien recevoir du dehors, de rien acheter ni louer à l'intérieur. Toute disposition d'argent serait donc illusoire pour eux. Il serait bien de faire concorder les deux articles.

CREUSE.

On encouragerait peut-être les condamnés au travail, si on leur accordait une part plus forte, et surtout si cette part, au lieu de leur être accordée d'une manière facultative, leur était *due* à leur sortie.

DROME.

Dans les départements peu manufacturiers, il sera difficile de trouver des industriels qui veuillent se charger de fournir des travaux aux détenus, dont la plupart ne sont aptes à rien. Il serait préférable que des entrepreneurs traitassent avec l'État ou plusieurs départements, afin de donner différentes espèces d'occupations suivant des prix réduits convenus avec l'administration.

GARONNE (HAUTE-).

L'article 24, deuxième paragraphe, détermine les parts affectées aux condamnés des diverses catégories sur le produit de leur travail. Les condamnés aux travaux forcés recevront trois dixièmes, les reclusionnaires quatre, les condamnés à l'emprisonnement, cinq.

Il me semble que la part des condamnés à la prison n'est pas assez forte. Toujours préoccupé de cette pensée, qu'il importe d'agrandir la distance qui sépare les peines afflictives ou infamantes de celles qui ne le sont pas, je voudrais que ceux qui subissent une simple peine correctionnelle obtinssent sept dixièmes sur les produits de leur travail. Je remarque, d'ailleurs, que ceux-ci devant faire un court séjour dans les prisons, ils n'auront guère le temps de s'instruire dans les arts mécaniques qu'ils doivent y apprendre. Il importe donc de stimuler leur zèle et de créer un appât convenable à leur émulation.

LOIRET.

Les masses accordées aux condamnés à leur sortie de prison ne devraient pas leur être remises en totalité; elles devraient rester déposées à la caisse des consignations pendant un certain temps, pour servir en quelque sorte de caution aux libérés, qui ne recevraient que la somme strictement nécessaire pour pourvoir à leur subsistance pendant les premiers jours de leur libération. Ce dépôt leur permettrait de trouver plus facilement du travail, car ils sont repoussés aujourd'hui non-seulement par le sentiment qu'ils inspirent, mais aussi par la crainte des délits dont ils ne peuvent pas répondre civilement.

SEINE-INFÉRIEURE.

La portion attribuée au condamné sur le produit de son travail me paraît trop forte. Il ne faut pas perdre de vue que le nouveau régime sera très-coûteux, que les condamnés seront mieux nourris, mieux vêtus, mieux logés, mieux chauffés qu'avant leur captivité, et qu'il ne faut pas que le temps passé en prison soit un temps meilleur pour les criminels. Un dixième pour les condamnés aux travaux forcés, deux dixièmes pour les condamnés à la reclusion, et trois dixièmes pour les condamnés à l'emprisonnement, seraient des parts suffisantes pour encourager au travail les condamnés soumis au régime cellulaire : le soldat n'a que cinq ou dix centimes d'argent de poche. Une partie de ces parts sera remise à la sortie de prison. Les questions qui ont été soumises en 1843 aux conseils généraux parlaient de la création de sociétés de patronage pour les libérés. Je pensais alors, et je pense aujourd'hui, que les commissions de surveillance des prisons devaient être chargées de ces patronages. Voilà pourquoi j'ai attaché une grande importance, dans mes observations sur l'article 2, à la composition des commissions de surveillance, et pourquoi je crois qu'elles doivent être composées d'hommes ayant un certain loisir et pouvant consacrer à cette mission honorable une activité charitable; mais comme un usage s'est établi d'obtenir des souscriptions qui aident des sociétés libres de patronage à placer des enfants en apprentissage, à donner les premiers moyens d'existence aux libérés en leur procurant même avec des subsides des placements chez des maîtres, il ne faudrait peut-être pas se priver de leurs ressources : il conviendrait donc que si les commissions des prisons ne sont pas les véritables patrons des libérés, on plaçât sous leur autorité superposée des sociétés de patronage, sauf à déterminer par un règlement d'administration publique les rapports à établir entre elles.

TARN-ET-GARONNE.

Il me semblerait juste d'accorder aux condamnés qui se seraient fait remarquer par leur bonne conduite pendant leur captivité, une portion plus forte qu'aux autres prisonniers sur le produit du travail.

ART. 25.

Les condamnés ne pourront recevoir aucun objet du dehors, et, dans l'intérieur de la maison, il ne pourra leur être rien vendu ni donné à loyer. Néanmoins, les condamnés à l'emprisonnement à un an et au-dessous pourront recevoir du dehors des objets admis par le préposé en chef ou directeur.

AIN.

La faculté accordée par cet article aux préposés en chef pourrait entraîner de graves abus. Il importe que la commission de surveillance soit appelée à déterminer les objets que les détenus pourront recevoir du dehors, sans préjudice du droit réservé au préfet d'y mettre obstacle, s'il le juge utile.

AISNE.

Cet article donne lieu aux mêmes observations que celles présentées sur l'article 8. En effet, la faculté d'autoriser ou d'interdire l'admission d'objets ne devrait pas être laissée au gardien-chef d'une prison départementale sans l'intervention de l'autorité supérieure, intervention toujours nécessaire pour prévenir les abus.

ALPES (BASSES-).

Aucune disposition n'explique s'il sera permis aux prévenus et accusés de recevoir des objets du dehors. Vraisemblablement le vœu de la loi est de s'en rapporter au règlement intérieur de chaque prison. Cependant on remarque que l'article 25 du projet accorde aux condamnés à l'emprisonnement d'un an et au-dessous la faculté de recevoir du dehors les objets admis par le préposé en chef.

ARDENNES.

Cet article attribue au préposé en chef ou directeur, le droit d'admettre ou de refuser les objets envoyés du dehors aux condamnés à un an et au-dessous d'emprisonnement.

Ne faudrait-il pas environner ce pouvoir discrétionnaire de certaines garanties? Ainsi, par exemple, le préposé en chef ou directeur pourrait être obligé de tenir note des objets envoyés et de la soumettre à la commission de surveillance.

CHARENTE-INFÉRIEURE.

Cet article porte qu'il ne pourra rien être vendu ni donné à loyer aux condamnés, et qu'ils ne recevront rien du dehors ni dans l'intérieur de la maison. On lit cependant dans l'article 24 qu'une partie du produit du travail pourra être donnée aux condamnés pendant leur captivité. Mais à quoi emploieront-ils ce qu'on leur accordera, puisqu'ils ne pourront rien recevoir, rien acheter ni rien louer? Cette espèce de contradiction disparaîtrait si, dans l'article 24, on distinguait les condamnés aux travaux forcés et à la reclusion de ceux soumis à l'emprisonnement, auxquels seulement est applicable le second paragraphe de l'article 25.

CREUSE.

Il serait plus convenable, je pense, qu'aucun objet ne pût être remis aux condamnés qu'avec l'autorisation du préfet, ou du maire, ou de la commission de surveillance. Je pense, du reste, qu'il vaudrait infiniment mieux s'en tenir aux dispositions de l'article 62 du règlement général du 30 octobre 1841.

DROME.

D'après l'article 25, il est loisible aux condamnés à l'emprisonnement à un an et au-dessous de faire venir du dehors les objets admis par le préposé en chef ou directeur. Cette latitude est très-grande; il serait à propos de la restreindre en déterminant les objets que le condamné pourra se faire apporter et qui ne devraient pas consister en vivres.

GARONNE (HAUTE-).

D'après l'article 25, le condamné à un an ou à moins d'un an pourra recevoir du dehors les objets admis par le préposé chef ou directeur. C'est cette faculté que je proposerais de lui enlever, dans l'intérêt de l'ordre et du régime de la prison, la réservant, d'ailleurs, pour ceux qui, d'après leur conduite et leur travail, en seraient jugés dignes par le préfet, sur la proposition du gardien-chef et l'avis de la commission de surveillance.

GIRONDE.

Il serait utile de déterminer ce qui pourra être permis; cela touche à la peine et ne doit pas être ignoré du juge.

ILLE-ET-VILAINE.

En refusant aux détenus de pouvoir acheter quelques vêtements et quelques aliments en sus de ceux qui sont fournis par la maison, on se prive d'un puissant moyen d'émulation, et il est probable que l'on n'obtiendra d'eux que la quantité de travail qu'il est possible d'exiger, laquelle sera toujours fort au-dessous de celle qu'on pourrait obtenir en les intéressant à travailler beaucoup; et il est à remarquer qu'ils seront bien plus fortement intéressés à travailler beaucoup par le désir de satisfaire chaque jour leurs besoins d'aliments et de vêtements, que par celui d'accroître la portion du produit de leur travail qui pourra leur être remise à leur sortie.

ISÈRE.

Il y aura, je le crains, des inconvénients à laisser au préposé le droit d'admettre ou de rejeter les objets que pourront recevoir les condamnés. Dans quelques maisons, les préposés se montreront sévères; dans d'autres, ils pourront, au contraire, être d'une facilité coupable. Il vaudrait mieux qu'il fût dit que les objets que pourront recevoir les condamnés seront déterminés par le règlement intérieur de la prison.

JURA.

Il importerait d'imposer au directeur l'obligation d'informer l'autorité administrative de ces exceptions à la règle.

LOIR-ET-CHER.

L'article 25 permet aux condamnés à un an et au-dessous de recevoir du dehors des objets admis par le préposé en chef ou directeur. Il serait dangereux de laisser à l'examen du gardien-chef certaines questions qui dépasseraient sa capacité ordinaire. Il est bon, d'ailleurs, de prévenir autant que possible des abus qui naîtraient infailliblement de l'étendue des pouvoirs de ces agents. Il me paraît donc rationnel de remplacer les mots, « préposé en chef ou directeur, » par ceux-ci : « le maire ou la commission de surveillance. »

LOIRE (HAUTE-).

L'article 25 permet aux condamnés à l'emprisonnement à un an et au-dessous de recevoir du dehors des objets admis par le préposé en chef ou directeur. Il me semble qu'il conviendrait de donner un sens restreint à cette disposition et d'ajouter à la fin de l'article : « Dans les limites qui seront fixées par le règlement spécial indiqué en l'article 3 de la présente loi. »

LOIRET.

Il ne faudrait pas laisser à l'arbitraire du préposé en chef ou du directeur la désignation des objets que les condamnés à un an d'emprisonnement et au-dessous pourront recevoir du dehors. Cette désignation devrait être faite par un règlement préfectoral,

LOT.

L'article 25 porte que les condamnés à l'emprisonnement d'un an et au-dessous pourront recevoir du dehors des objets admis par le préposé en chef ou par le directeur. Ainsi ce préposé prononcera seul et sans appel, non-seulement sur l'admissibilité des objets, mais encore sur la demande de se les procurer qu'aura formée un détenu. N'est-ce pas trop laisser à l'arbitraire d'un homme qui ne sera, peut-être, que trop disposé à abuser de sa position? Qu'à tort ou à raison il soit prévenu contre un condamné, et le malheureux ne pourra rien recevoir de l'extérieur; qu'un autre, au contraire, ait su gagner ses bonnes grâces, et il jouira, dans sa prison, de tout le bien-être du dehors. Cet abus serait grave, mais il serait facile de le prévenir. Il suffirait, pour cela, que le règlement déterminât, d'abord, quels seront les objets admissibles dans la maison dont il est question en l'article 19, et qu'il portât ensuite que tout détenu de cette catégorie, régulièrement autorisé par le préfet, pourra recevoir ces objets.

EMPRISONNEMENT CELLULAIRE.

MARNE (HAUTE-).

Cet article dispose que les condamnés à un an et au-dessous pourront recevoir du dehors les objets admis par le préposé en chef ou le directeur.

Cette faculté arbitraire accordée au directeur me semble une disposition dangereuse, de nature à donner lieu à une infinité d'abus, et à faire disparaître l'égalité qui doit régner, sauf de rares exceptions, entre tous les détenus.

C'est dans cette circonstance que je réclamerais le concours du préfet, qui accorderait ou refuserait l'introduction demandée, après s'être entouré de l'avis de la commission de surveillance.

Avec la disposition de l'article 25, on verrait renaître les abus qui existaient avant le règlement général du 30 octobre 1841 : alors, pour l'homme riche, la prison n'avait aucune rigueur; en payant, il avait un appartement séparé, élégamment meublé, bonne table pour lui et ses amis, et l'on y signalait quelquefois la gaieté bruyante des réunions. D'après l'article 25, à la société près, qu'on ne peut, à la vérité, comprendre dans le mot *objet,* un gardien complaisant pourrait procurer tous les autres adoucissements.

MOSELLE.

Cet article porte que les condamnés, etc., pourront recevoir du dehors *des objets admis par le préposé en chef ou directeur.*

Pour prévenir les abus, je crois qu'il conviendrait d'ajouter : « sauf l'autorisation « du préfet ou du sous-préfet. »

NORD.

La règle établie par cet article me paraît très-bonne. Quant à l'exception introduite en faveur des condamnés à l'emprisonnement d'un an et au-dessous, elle me paraît trop étendue.

D'une manière générale, je pense que cette exception devrait être supprimée. Nul doute en effet que les juges, en appliquant, sous le régime de la nouvelle loi, la peine de l'emprisonnement, n'aient égard au caractère répressif de la peine, qui n'existe pas aujourd'hui, et qu'ils ne condamnent le plus souvent qu'au *minimum* de temps fixé par la loi.

Il ne faut pas s'empresser, par une disposition légale, d'entourer d'un certain bien-être le condamné. A qui, d'ailleurs, profiterait cette disposition? Uniquement à celui qui jouit d'une certaine aisance, c'est-à-dire, à celui chez qui le délit est le moins excusable. Il est facile de prévoir aussi que ces tolérances donneraient lieu à mille petits abus qui relâcheraient la rigueur nécessaire de la discipline et troubleraient l'ordre de la maison d'emprisonnement; les gardiens pourraient faire payer leurs complaisances, et il s'établirait entre la maison et le dehors des communications qu'on doit prévenir.

D'un point de vue général, je le répète, cette tolérance ne doit pas être admise; mais je conviens qu'il peut se présenter différents cas dans lesquels une exception à la règle deviendrait nécessaire. Un détenu peut être faible, malade, et avoir besoin des secours de sa famille; le désespoir pourrait s'emparer de lui s'il se trouvait privé des différentes choses auxquelles il était habitué, etc.

Je pense donc qu'il serait bon de rédiger autrement l'exception contenue à l'article 25, à partir du mot *néanmoins.* On ajouterait : « Le préfet, sur la demande du « directeur de la prison, et sur l'avis favorable de la commission de surveillance, pourra « autoriser les condamnés à recevoir du dehors les objets admis par le préposé en « chef. » Peut-être est-ce la pensée qu'on a voulu exprimer par la rédaction actuelle.

ORNE.

L'article 25 accorde aux condamnés à un an, au plus, d'emprisonnement la faculté de recevoir du dehors des objets admis par le directeur. Certaines conditions me sembleraient cependant devoir être imposées à ceux qui voudraient user de cette faculté. La prison doit être aussi rigoureuse pour le riche que pour le pauvre, et si le condamné, quel qu'il soit, veut adoucir sa position, il ne doit trouver cet adoucissement que dans le produit de son travail.

RHIN (HAUT-).

Afin de prévenir des abus dans l'application, il serait à désirer que ce paragraphe fût libellé comme celui qu'on propose d'ajouter à l'article 12, c'est-à-dire qu'on y ajoutât les mots, « dans les limites du règlement de la maison, » et ceux-ci : « avec le consente- « ment préalable du membre de la commission de surveillance qui sera de service. »

RHONE.

La faculté accordée aux préposés en chef ou directeurs, de permettre aux condamnés à un an et au-dessous de recevoir des objets du dehors, est de nature à amener des abus. Sans suspecter en aucune façon la moralité de ces agents, n'est-il point à craindre qu'ils ne soient souvent en butte à des sollicitations auxquelles il leur serait difficile de résister ? Il me semblerait plus convenable de placer cette disposition sous l'empire du règlement qui devra être arrêté conformément à l'article 3 du projet de loi.

SAONE (HAUTE-)

Cet article me semble avoir posé une règle sage en décidant que les condamnés ne pourront recevoir aucun objet du dehors et qu'il ne pourra leur être rien vendu

10.

ni donné à loyer dans l'intérieur de la maison. Il importe en effet que la peine telle qu'elle résulte de la loi reste entière et dans toute sa rigueur à l'égard de tous les condamnés. Toutefois, j'admets l'exception en faveur de ceux dont l'emprisonnement est au-dessous d'une année; mais je regarderais comme convenable, afin de prévenir tout abus, que l'exception dont il s'agit ne pût être autorisée que par le préfet ou le sous-préfet, comme cela a lieu d'après les règlements en vigueur.

SARTHE.

L'article 25 permet aux condamnés à l'emprisonnement pour un an et au-dessous de recevoir des objets envoyés par leurs familles, et admis par le préposé en chef ou directeur de la prison; il conviendrait, à plus forte raison, d'accorder cet adoucissement aux inculpés, prévenus et accusés.

SEINE. (LE PRÉFET DE POLICE.)

Cet article permet aux détenus condamnés à un an ou à moins d'un an de faire venir du dehors les objets admis par le préposé en chef ou directeur. Il serait bien d'abord de substituer ici au directeur le préfet lui-même, qui, à Paris du moins, administre directement les prisons du ressort de sa préfecture.

J'ai à faire observer d'ailleurs que la facilité accordée aux condamnés à l'emprisonnement d'un an et au-dessous, c'est-à-dire aux condamnés formant la population réglementaire des prisons de la Seine, de se procurer certains objets au-dehors, peut engendrer de nombreux abus ; qu'elle favorisera nécessairement et dans tous les cas, malgré la surveillance qu'on pourra exercer à cet égard, non-seulement certaines communications que l'administration doit empêcher dans l'intérêt de la sûreté, etc., mais encore des trafics contraires à l'ordre et à la discipline d'une prison. Cette facilité présente encore l'inconvénient grave de rétablir, en quelque sorte, quoique sous une autre forme, la cantine et la pistole, que l'article 25 lui-même a principalement pour but de supprimer. Sans doute les cantines telles qu'elles existent, dit-on, dans quelques prisons de France, peuvent donner lieu à des abus, mais il importe qu'on sache bien qu'il n'en est pas de même dans les prisons de la Seine. A Paris les articles qui se débitent à la cantine sont limités à des objets que j'appellerais de première nécessité; il n'y entre du moins, et cela doit être, aucun mets de luxe ou préparé. Ces objets qui se réduisent donc à quelques articles d'épicerie et de charcuterie sont achetés aux frais et par les soins de l'administration, puis vendus aux détenus, sous sa surveillance, par des agents salariés par elle et qui ne peuvent se réserver aucune espèce de bénéfice sur ces sortes de ventes, puisque tous les objets indistinctement font l'objet de tarifs régulièrement approuvés et affichés dans la maison. J'ajouterai que l'administration elle-même ne fait aucun bénéfice sur la vente des cantines, si ce n'est celui qui lui est rigoureusement nécessaire pour se couvrir des dépenses peu importantes d'ailleurs résultant de cette exploitation. Est-il convenable, est-il dans l'intérêt de l'administration de supprimer un état de choses aussi régulier, alors surtout, je ne saurais trop le redire, qu'il ne présente aucun inconvénient, qu'il ne donne lieu à aucun abus, et de le remplacer par les mesures qu'autorise l'article 25 ? Je ne pense pas.

En définitive, et pour me résumer, je proposerais : 1° de maintenir les cantines des prisons ainsi que le service de la location du mobilier connu sous la dénomination de *pistole,* service qui, à Paris du moins, est également régi par l'administration, et auquel conséquemment peuvent s'appliquer les observations qui précèdent, sauf à limiter au besoin le nombre des objets qui pourraient être vendus ou donnés à loyer aux détenus, et à adopter pour les deux services un mode uniforme d'exploitation ; 2° de faire disparaître entièrement du projet de loi toute disposition tendant à laisser aux détenus condamnés (la durée de la détention fût-elle d'un an et au-dessous), la facilité de faire venir certains objets du dehors.

SEINE-ET-OISE.

Il y aurait de graves inconvénients à attribuer au préposé en chef la faculté de déterminer les objets que les condamnés à un an et au-dessous pourront recevoir du dehors, à cause des abus que ce préposé peut faire de cette faculté, si elle n'est pas limitée.

Je crois donc qu'il est absolument nécessaire d'ajouter à l'article les mots suivants : « et dont l'introduction aura été permise par le règlement de la maison. »

TARN.

La faculté accordée aux condamnés à l'emprisonnement à un an et au-dessous, de recevoir du dehors des objets, ne donnera-t-elle pas lieu à des abus, surtout si le préposé peut les admettre ou les rejeter ? Ne vaudrait-il pas mieux que la commission de surveillance fût toujours appelée à la place des préposés pour accorder ces autorisations ? Il y aurait moins d'inconvénients.

TARN-ET-GARONNE.

Les objets d'habillement et de couchage fournis par le département étant suffisants, les condamnés d'un an et au-dessous ne devraient pouvoir faire venir du dehors qu'un supplément de vivres déterminé par le règlement de la maison. Toute autre faveur leur serait interdite.

VOSGES.

Les dernières lignes de l'article 25 ont donné lieu à la manifestation d'une crainte qu'il pourrait être utile de détruire, en admettant que l'exception y énoncée en faveur des condamnés à un an et au-dessous n'aura lieu que sur l'avis une fois donné pour chaque prisonnier, soit par le préfet, soit par le sous-préfet, ou même par la commission de surveillance. On calmerait par ce moyen l'espèce d'appréhension que peut donner le caractère d'un préposé en chef, qui n'est, dans les prisons d'arrondissement, qu'un simple gardien, le plus souvent sans valeur intelligente bien complète.

YONNE.

Il y a lieu de maintenir cette disposition, pourvu qu'il soit bien entendu qu'elle ne s'applique pas aux lettres que les détenus peuvent recevoir, sous la surveillance du directeur de la maison.

ART. 26.

Il sera attaché au service de chaque prison un ou plusieurs aumôniers. Un ministre appartenant à l'un des cultes non catholiques sera attaché au service de la maison où se trouveront des condamnés appartenant à l'un de ces cultes.

AVEYRON.

J'aurais désiré qu'on fût entré moins timidement dans la voie de la réforme morale; qu'on eût cherché à agir d'une manière plus directe et plus persévérante sur le moral des condamnés, soit en donnant plus d'extension aux mesures déjà indiquées, soit par tout autre moyen. Il en est un surtout qui me semblerait susceptible d'atteindre le but proposé, ce serait la formation d'associations religieuses dans la vue exclusive de se vouer à la réforme morale des condamnés, et qui, pour mieux y réussir, se résigneraient à vivre au milieu d'eux, avec eux, à les visiter habituellement, à les servir avec le zèle et l'abnégation que la religion seule peut donner, et qui pour cela auraient besoin de faire partie de l'établissement même.

Des associations semblables ou analogues de religieuses existent, si je ne me trompe, pour les femmes, et obtiennent les succès les plus consolants dans certains établissements. Pourquoi ne s'en formerait-il pas d'hommes pour les hommes ? Il suffirait peut-être d'un mot dans la loi et de la perspective de quelques facilités matérielles pour en faire naître l'idée, pour en provoquer la création.

LOIRE.

Tout condamné appartenant à un culte non catholique devrait être *nécessairement* détenu dans une maison à laquelle serait attaché un aumônier de sa communion.

MORBIHAN.

Cet article sera d'une exécution onéreuse, difficile, souvent même impossible.

Comment, il suffira qu'il y ait dans une prison *un* condamné appartenant à un des cultes non catholiques pour qu'on attache à cette prison un aumônier appartenant à ce culte, alors même que la condamnation serait de quelques mois de prison, alors même qu'il n'y aurait pas de ministre protestant dans le département ! Ce serait jeter les départements dans des dépenses qui pourraient être considérables, et il me semble que la disposition de l'article 26 est trop absolue.

MOSELLE.

Dans la majeure partie des prisons départementales, et entre autres dans celles de la Moselle, il ne se trouve qu'accidentellement quelques protestants ou juifs. Est-il donc nécessaire *d'attacher* un ministre protestant ou juif à chacune de ces prisons? Donnera-t-on un traitement au ministre ainsi attaché?

Il me semble qu'il serait suffisant de dire, au moins pour les prisons départementales :

« Les ministres des cultes non catholiques seront avertis de l'entrée des détenus « appartenant à leur religion, et invités à leur donner leurs soins. »

RHIN (HAUT-).

Il existe des prisons, notamment dans les deux départements du Rhin, qui renferment, à la fois, et en assez grand nombre, des condamnés *protestants* et *israélites.* Il est évident qu'un ministre de ces cultes ne saurait donner les soins de son ministère aux détenus de l'autre culte. On pense que, pour plus de précision, il serait convenable de libeller l'article 26, ainsi qu'il suit : « Il sera attaché au service de chaque « prison un ou plusieurs aumôniers. Dans les maisons où se trouveront des condam- « nés appartenant à différents cultes non catholiques, il y aura un ministre de chacun « de ces cultes. »

SEINE-INFÉRIEURE.

Il est désirable que le service des aumôniers ne se borne pas aux simples pratiques du culte, c'est-à-dire à l'audition de la messe et à quelques sermons qui sont toujours peu écoutés. Ces exercices de piété ne sont généralement considérés par les prisonniers que comme un genre de distraction. Aussi, quelque impies qu'ils soient, il est bien rare qu'ils refusent d'assister aux cérémonies du culte. Si le système cellulaire doit être un moyen de moralisation et de recueillement, il est facile d'y faire entrer la puissance des idées religieuses par une plus grande extension donnée aux fonctions des aumôniers. Lorsque les criminels ne seront pas distraits par la circulation des mauvaises idées qui ont toujours occupé leur imagination, on conçoit qu'avec du temps et des exhortations morales appliquées à propos on puisse remplir ce vide de l'intelligence, laissé par l'absence des directions du vice. C'est pourquoi, si l'on accordait le régime cellulaire des adultes avec un enseignement primaire, je verrais de grands avantages à ce qu'il pût être dirigé par les aumôniers, et, selon le nombre des détenus, être confié aux frères des écoles chrétiennes.

ART. 27.

Chaque condamné sera visité au moins une fois par semaine par le médecin et l'instituteur. Les ministres des différents cultes et les membres de la commission de surveillance auront accès auprès des condamnés, aux heures qui seront déterminées par le règlement de la maison.

AISNE.

Il semble utile d'expliquer que les ministres du culte ne devront avoir accès qu'auprès de leurs co-religionnaires, sauf dans les cas exceptionnels où leur ministère serait réclamé par un détenu appartenant à un autre culte.

Quant aux membres de la commission, ils ne devraient pas être, pour avoir accès auprès des condamnés, soumis aux heures fixées par ce règlement; leur surveillance, étant de tous les instants, doit par cela seul être illimitée.

CORRÈZE.

Les membres de la commission de surveillance sont appelés à visiter les détenus, à leur porter des consolations et à leur donner des conseils. Ce concours sera très-efficace dans les grandes villes, où l'administration aura le moyen de bien composer les commissions; il le sera fort peu dans la plupart des petites villes et même dans un grand nombre de chefs-lieux de département, parce que les hommes ayant à la fois assez de loisir, de fortune et de charité pour s'occuper activement de la surveillance des prisons, de la régénération morale des détenus, y sont extrêmement rares. Nous craignons que l'administration ne retire que bien peu d'avantage des commissions: non qu'on ne rencontre dans les villes des personnes bien intentionnées, mais toutes, ou presque toutes, manquent de loisir, et se trouvent dans l'impossibilité de réaliser les vues du législateur.

CÔTE-D'OR.

L'article 27 parle des visites de l'instituteur aux condamnés, et c'est pour la première fois qu'il est question dans cette loi d'un instituteur. Ne serait-il pas convenable de compléter l'article 26, en disant : « Il sera attaché au service de chaque « prison un ou plusieurs aumôniers, *un* ou plusieurs instituteurs. »

Ne pourrait-on pas aussi rendre obligatoire pour l'aumônier une visite faite, au moins une fois par semaine, à chaque condamné ?

EURE-ET-LOIR.

Nous n'apercevons pas le motif de la visite de l'instituteur que l'article 27 autorise. L'article 29 détermine une leçon par jour; il est donc inutile que l'instituteur visite le détenu.

GARONNE (HAUTE-).

D'après l'article 27, l'obligation de visiter les détenus une fois par semaine n'est imposée qu'au médecin et à l'instituteur. Cette visite est une simple faculté pour les membres des commissions de surveillance; et, d'après l'article 28, l'autorisation en pourra être donnée à certaines personnes indiquées. Le système cellulaire n'a pas précisément en vue la solitude comme aggravation de peine, mais surtout comme moyen d'amélioration. Je crois donc qu'il faut rendre plus fréquentes les communications du condamné avec les personnes qui peuvent le mieux travailler à son éducation morale. C'est sous ce rapport qu'il me paraîtrait utile d'imposer au directeur et à l'aumônier les mêmes obligations qu'au médecin et à l'instituteur. Je voudrais même qu'elles s'étendissent jusqu'aux membres des commissions de surveillance.

MARNE (HAUTE-).

Je pense qu'il ne doit pas y avoir d'heures déterminées pour les membres des commissions de surveillance; cette détermination de l'heure de leur visite en détruirait toute l'efficacité. Ces visites n'ont de valeur, pour le bon ordre, que parce qu'elles sont inattendues et que l'incertitude du moment où elles ont lieu empêche beaucoup d'irrégularités dans la crainte d'être pris en faute par l'arrivée d'un commissaire à l'improviste.

MAYENNE.

Les visites du médecin et de l'instituteur ne me paraissent pas assez fréquentes. Quant aux aumôniers, aux pasteurs des cultes non catholiques et aux membres des commissions de surveillance, ils devraient avoir accès auprès des condamnés tous les jours et à toute heure, à moins que des circonstances particulières ne commandassent impérieusement de suspendre cette faculté; dans ce cas le préfet statuerait.

MEUSE.

Les communications des condamnés avec les aumôniers et les membres de la commission de surveillance doivent être aussi fréquentes qu'il sera possible, et il faut qu'elles puissent avoir lieu à toutes les heures. La rédaction de cet article est donc à modifier dans ce sens.

PYRÉNÉES-ORIENTALES.

Astreindre les membres des commissions de surveillance aux heures fixées par les règlements, c'est s'exposer à mettre, par cette gêne, des entraves à leur zèle.

Comme d'ailleurs ils sont chargés, par leurs fonctions, de veiller sur la tenue et le service intérieur de la prison, il est bon qu'ils puissent y pénétrer et en visiter toutes les parties à toute heure.

RHIN (HAUT-).

On pense que les visites de l'instituteur ne sauraient être assimilées à celles du médecin, chacun de ces employés ayant à remplir des devoirs qui diffèrent essentiellement entre eux. Il paraîtrait donc plus rationnel de comprendre l'instituteur au nombre des personnes qui, en vertu du second paragraphe du même article, auront accès auprès des condamnés, aux heures qui seront déterminées par le règlement de la maison.

SEINE-INFÉRIEURE.

La visite du médecin une fois par semaine me paraît suffisante pour les soins de la santé d'abord, et pour l'examen ensuite des faits physiologiques qui devront être portés à la connaissance du chef de la prison.

La visite de l'instituteur une fois par semaine ne produira pas un résultat appréciable, si on veut bien remarquer que c'est l'éducation des prisonniers plutôt que leur instruction qu'il faut s'attacher à améliorer. Par ce motif, rentrant dans les observations qui précèdent, j'apprécie encore les avantages de l'influence des aumôniers et de l'emploi des frères de la doctrine chrétienne, et c'est pourquoi je ne fixerais aucune limite à leur contact avec les prisonniers, attendu que plus il serait fréquent, plus les effets en seraient fructueux.

YONNE.

Il est indispensable que chaque condamné soit visité au moins deux fois par semaine par le médecin.

Il semble que ce soit peu d'une visite de l'instituteur par semaine pour apprecier le travail de chaque condamné. Au surplus, cette disposition, ainsi que beaucoup d'autres insérées dans la loi, semblerait plutôt devoir être réglée par une ordonnance royale ou une décision ministérielle que l'expérience permettrait de modifier plus tard, que par une disposition législative qui est immuable, et qui ne devrait pas descendre à tous ces détails réglementaires.

---

art. 28.

Pourront être autorisés à visiter les détenus : 1° leurs parents; 2° les membres des associations de charité et de patronage régulièrement autorisées; 3° les agents des travaux; 4° toutes autres personnes ayant une permission spéciale du préfet du département.

AISNE.

Ainsi que je l'ai dit pour les articles 8 et 9, ces mots, *ou du sous-préfet*, doivent être ajoutés à la fin de l'article 28.

L'isolement entre les détenus deviendrait d'ailleurs impossible si le nombre des visites n'était pas limité; ainsi le règlement de la maison ou un règlement d'administration publique devra déterminer les jours et heures où ces visites pourront être faites.

AVEYRON.

L'article 28 suppose l'existence d'associations charitables, mais seulement pour les prisons affectées aux condamnés. Pourquoi ne pas supposer que de pareilles sociétés pourraient se former dans les villes où il n'y a que des maisons d'arrêt? Certes les personnes qui y sont enfermées, pour un temps souvent assez long, sont aussi dignes d'intérêt dans leur présomption d'innocence qu'après leur condamnation. Il ne faut pas oublier d'ailleurs que les maisons d'arrêt servent et continueront à servir de maisons de détention pour les condamnés à un an d'emprisonnement et au-dessous.

DOUBS.

Il semble qu'il faudrait substituer le mot *condamnés* au mot *détenus.* Cet article forme à la vérité un titre qui concerne les condamnés; mais la rédaction d'une loi ne saurait être trop claire.

EURE-ET-LOIR.

Nous désirons que les parents ne soient admis à visiter les détenus qu'avec l'autorisation du préfet, attendu que dans notre pensée ces visites ne doivent être autorisées que pour des motifs sérieux et qu'elles doivent être très-rares.

11.

ILLE-ET-VILAINE.

N° 3. Dire : « les agents agréés par l'administration et en présence d'un gardien. »

LOIRE.

Cet article ne détermine pas qui autorisera les parents et les membres d'associations de charité, pour les visites aux détenus. Il conviendrait de remplir cette lacune.

LOIRE-INFÉRIEURE.

L'article 28 porte : « pourront être autorisés à visiter les détenus, etc. » Autorisés par qui ? La dernière catégorie des visiteurs devra avoir une permission du préfet; qui donnera la permission aux autres?

MARNE.

Cet article ne présente pas un sens parfaitement clair. En effet, il porte : « Pourront être autorisés à visiter les détenus, 1° leurs parents.......

« 4° Toutes autres personnes ayant une permission spéciale du préfet du département. »

Or, qui autorisera la visite à faire aux détenus par les personnes qui sont désignées par cette nomenclature ? Est-ce le préfet dans tous les cas? Alors la nomenclature est inutile, puisque le préfet pourra accorder la permission à toutes personnes. Est-ce le directeur ou gardien-chef de la prison? Alors c'est lui donner un pouvoir bien étendu, et il serait préférable de le confier à un fonctionnaire d'un ordre plus élevé. Si telle est, au surplus, l'intention de la loi, il serait nécessaire de l'exprimer positivement, et, dans le cas contraire, d'indiquer le fonctionnaire qui donnera l'autorisation: dans l'un comme dans l'autre cas, la rédaction devrait être modifiée, car les personnes ayant une permission du préfet devront nécessairement être admises à visiter les détenus, et, à leur égard, la rédaction du commencement de l'article serait inexacte, puisqu'à moins de circonstances tout à fait particulières et exceptionnelles, la permission du préfet sera un ordre auquel le gardien de la prison devra obéir.

MEURTHE.

Comme mesure de police intérieure, celle que comporte l'article 28 me semble avoir des inconvénients; le libre accès des prisonniers aux membres des associations de charité et de patronage régulièrement autorisées entraînera des abus. Tout individu non parent des détenus ou non fonctionnaire des établissements ne me semble devoir y pénétrer que d'après l'autorisation du pouvoir responsable et compétent.

MOSELLE.

Cet article, après avoir désigné certaines classes de personnes qui pourront être autorisées à visiter les détenus, dit : « toutes autres personnes ayant une permission spéciale du préfet du département. »

Je crois qu'il conviendrait d'ajouter : « ou du sous-préfet de l'arrondissement. » On peut avoir un besoin réel d'une communication *immédiate*, et il serait fort gênant quelquefois d'en référer à l'autorité préfectorale. D'ailleurs, les condamnés qui restent dans les maisons d'arrêt d'arrondissement ne sont pas ordinairement de grands malfaiteurs, et si le cas se présentait, le sous-préfet référerait à son supérieur avant d'accorder une autorisation qui lui semblerait avoir le moindre inconvénient. L'addition que je propose aurait d'ailleurs pour effet de réduire les écritures déjà si compliquées de l'administration départementale.

RHIN (HAUT-).

Même modification que celle proposée à l'article 9.

La nécessité de recourir à l'autorisation spéciale du préfet, pour les visites des détenus, pourrait être très-gênante, à cause de l'éloignement du chef-lieu de département. En son absence, le sous-préfet ou le maire devrait accorder l'autorisation.

RHONE.

L'article 28 ne s'explique pas sur l'autorité qui donnera aux parents, aux membres des associations de charité et de patronage régulièrement autorisées et aux agents des travaux, l'autorisation de visiter les détenus.

Il est important que ces visites ne soient accordées qu'avec beaucoup de réserve. Les autorisations ne doivent pas être délivrées par les préposés en chef ; il appartient à l'administration seule de rester juge, s'il convient ou non de laisser pénétrer auprès des prisonniers.

La dernière disposition de l'article 28 prescrivant une permission spéciale du préfet pour toutes autres personnes que celles désignées dans les trois divisions du même article, il semblerait qu'une autre autorité serait appelée à accorder à celle-ci la permission de visite.

Ne conviendrait-il pas ici de limiter aux ascendants, aux descendants, aux époux, *les parents à admettre ?*

Malheureusement, pour la plupart des condamnés, la famille se compose trop souvent de complices et de mauvais conseillers.

La présence des membres des associations de charité et de patronage sera sans nul doute d'un très-bon et d'un très-salutaire effet auprès des détenus, surtout avec un système de séparation de jour et de nuit. Mais dans les grands centres, comme à

Lyon, ces sociétés sont nombreuses et peuvent se multiplier. C'est peut-être un motif de plus pour que ces associations ne puissent avoir d'accès dans les prisons qu'avec des permissions spéciales et délivrées par l'autorité supérieure; car il est hors de doute que le gardien-chef ou le directeur seront impuissants à résister aux demandes qui leur seraient faites.

SEINE-INFÉRIEURE.

Dans cet article les mots *ou par le sous-préfet* me paraissent évidemment devoir être ajoutés, ainsi que dans l'article 29.

TARN-ET-GARONNE.

Pas d'inconvénient, pourvu que ces visites aient lieu en présence d'un agent de la maison et que le préposé en chef ait le droit de fouiller les personnes qui lui paraîtraient suspectes.

ART. 29.

Deux heures au moins par jour seront réservées aux condamnés, pour l'école, les visites ci-dessus indiquées, enfin pour la lecture des livres dont le choix sera déterminé par le préfet, sur la proposition de la commission de surveillance.

CHARENTE.

L'intervention obligée et légale de la commission pour le choix des livres ne peut offrir aucun avantage et elle peut avoir des inconvénients.

ILLE-ET-VILAINE.

Deux heures pour l'école, les visites et la lecture, et deux heures qui sont ordinairement accordées pour les repas et la promenade feront quatre heures, ce qui semble beaucoup. Il est difficile de prendre plus de trois heures en tout sur le travail, du moins pendant une partie de l'année.

MEURTHE.

L'article 29 me paraît admettre des visites trop fréquentes. L'ordre intérieur peut en être assez gravement troublé et les bénéfices si chèrement achetés de l'isolement s'en trouver compromis.

PYRÉNÉES-ORIENTALES.

Il faudrait donner pouvoir aux sous-préfets de permetre la visite des prisons de leur arrondisement.

SEINE. (préfet de police.)

Je crois qu'on peut se dispenser de faire intervenir d'une manière obligatoire la commission de surveillance dans le choix des livres qui seront donnés en lecture aux détenus, et que ce soin peut être laissé au préfet seul, qui pourra dans certains cas, et s'il le juge convenable, s'éclairer de l'avis de la commission.

VOSGES.

Il pourrait, surtout dans les prisons ordinaires, y avoir quelque avantage à ce qu'une latitude plus grande que les deux heures permises fût laissée à la disposition et au libre arbitre des commissions de surveillance, lesquelles, selon les cas, et par manière de récompense, étendraient à volonté la durée de ces faveurs. Un des moyens puissants de réveiller l'attention ou l'amour-propre des commissions de surveillance peut se trouver, même à un assez haut degré, dans une certaine part de pouvoir laissée à leur volonté, ainsi qu'il est, par exemple, demandé par cet article 29.

---

art. 30.

La lecture et le travail ne pourront être refusés aux condamnés, si ce n'est à titre de punition temporaire.

ORNE.

Le travail peut adoucir chez les hommes laborieux les rigueurs de la captivité, mais, il ne faut pas se le dissimuler, il est une classe d'hommes habitués à ne rien faire, et qui n'est que trop nombreuse parmi les condamnés, dont la plupart ont été poussés au crime par l'oisiveté. C'est cette distinction qu'il importe de faire, car ce qui serait une punition pour les uns deviendrait un allégement à la peine des autres.

MOSELLE.

Il peut arriver que, malgré tous ses efforts, l'administration ne puisse parvenir à procurer du travail à tous les condamnés; il me semblerait donc utile d'ajouter : « ou à moins que le travail ne manque dans la prison. »

NORD.

Cet article, combiné avec l'article 45, parle de la *privation* de travail *comme peine.* L'article 23 a prévu la dispense du travail *comme faveur.*

En résulte-t-il que la prescription des articles 30 et 45 ne pourra atteindre le condamné qui, en conformité de l'article 23, aura été dispensé de travail? Je ne le pense pas; je crois que ce condamné, comme les autres, pourra être privé de son travail, si, n'étant pas infirme, il en a adopté un. Quelle est en effet l'intention de l'article 23? De soustraire certains condamnés au travail régulier prescrit dans la maison, mais non de leur interdire le travail; il n'est donc pas douteux que les articles 30 et 45 leur seront applicables pour leurs travaux facultatifs, comme aux autres détenus pour leurs travaux obligatoires. Pour rendre cette pensée, ne pourrait-on ajouter à la rédaction de l'article 23 ces mots ou l'équivalent : « et qu'ils n'aient été autorisés à se livrer à un travail de leur choix compatible avec l'ordre de la maison. »

ART. 38.

Les dispositions de la présente loi ne sont point applicables aux individus poursuivis ou condamnés :

1° Pour crimes punis de la détention ou dont la peine est remplacée par la détention, conformément à l'article 17 du Code pénal;

2° Pour délits réputés politiques, aux termes de la loi du 8 octobre 1830;

3° Pour délits commis, soit par la voie de la presse, soit par tous autres moyens de publication énoncés en l'article 1er de la loi du 17 mai 1819.

La présente loi n'est pas non plus applicable aux condamnés pour contravention de simple police.

ALPES (BASSES-).

Le projet de loi ne contient aucune disposition qui fasse mention des détenus pour dettes, d'où l'on pourrait induire qu'ils sont soumis à la règle commune, à l'instar de ceux des autres catégories. Mais des individus emprisonnés pour dettes ne sauraient à aucun titre être soumis aux mêmes rigueurs que les inculpés, les accusés et les condamnés; il semble donc qu'il existerait là une lacune qu'il serait nécessaire de combler. Ne conviendrait-il pas d'abord d'assigner un quartier spécial dans chaque prison départementale pour les individus emprisonnés en vertu de la contrainte par corps? Le système cellulaire ne saurait évidemment leur être appliqué; dès lors l'article 38, du projet qui déclare ses dispositions non applicables à certains condamnés, devrait mentionner aussi cette classe de détenus.

L'article 38 déclare la nouvelle loi inapplicable aux condamnés pour certains délits, tels que délits de la presse, délits politiques, etc., etc.

Quoique les faits de cette nature aient un caractère tout particulier, cependant ils présentent quelquefois une telle gravité, que la loi ne doit pas craindre de déployer une juste rigueur envers les coupables. Il serait peut-être utile de borner l'exception aux condamnés à l'emprisonnement d'un an et au-dessous, et de soumettre à la règle commune ceux qui auraient encouru une plus forte condamnation. Si cette limite paraissait trop étroite, on pourrait étendre cette exception aux condamnés pour deux ans ou tout autre terme qui serait jugé convenable. Quand les condamnés pour le simple délit correctionnel sont soumis au régime cellulaire, on peut bien, sans être taxé de rigueur, en faire l'application à ceux qui ont mérité une peine tout aussi grave, même à raison des faits spéciaux énoncés en l'article 38.

Les termes employés dans le même article pour dispenser certaines catégories du nouveau régime semblent dépasser le véritable but du législateur; on y lit :

« Les dispositions de la présente loi ne sont point applicables, etc., etc.

« La présente loi n'est pas non plus applicable aux condamnés pour contravention de « simple police. »

On a voulu, sans doute, dispenser les détenus des catégories indiquées de l'application des titres II et III, concernant le régime des prisons. Mais on ne peut supposer que cette dispense s'étende aux autres dispositions du projet, notamment à l'article 45, qui détermine les différents moyens de discipline à employer contre les prisonniers qui se livrent à des menaces, injures, violences, ou qui se permettent d'enfreindre les règlements.

On devrait donc remplacer les mots présente loi par ceux : titres II et III de la présente loi. Cet amendement est d'autant plus nécessaire qu'on ne pourrait plus invoquer pour les mesures de discipline l'article 614 du Code d'instruction criminelle, qui est formellement abrogé par l'article 47 du projet.

AUDE.

Le projet de loi n'admet pas que l'on puisse assujettir au système cellulaire certains individus. Je proposerais également d'en affranchir les prisonniers pour dettes et les personnes détenues à la demande de l'administration des domaines.

AVEYRON.

Les exceptions qui résultent de l'article 38 du projet de loi ont l'inconvénient de donner à penser que les auteurs de ce projet, d'accord en cela avec les adversaires du régime cellulaire, le considèrent surtout comme une aggravation de peine et de rigueur.

EURE-ET-LOIR.

Cet article touche à un des objets les plus graves dont s'occupent nos lois pénales; il traite des individus frappés de la peine de la détention pour crimes punis par l'article 17 du Code pénal, pour crimes réputés politiques, aux termes de la loi du 8 octobre 1830, et pour délits de presse et autres énoncés dans la loi du 17 mai 1819.

Nous pensons que c'est à tort que la loi proposée contient à leur égard une exception.

Pourquoi donc le système d'isolement ne leur serait-il pas applicable? L'État doit être protégé contre les individus qui compromettent la tranquillité publique.

S'agit-il du temps qui précède le jugement? l'isolement facilite l'instruction et la manifestation de la vérité; les prévenus ne peuvent s'entendre sur ce qu'ils ont à faire pour l'empêcher de se faire jour. S'agit-il de l'accomplissement de la peine? l'isolement s'oppose à ce que les détenus s'excitent mutuellement, et préparent leur vengeance pour l'époque de leur sortie.

Au surplus, la même poursuite peut frapper des individus appartenant à des classes distinctes de la société. Leur contact peut faciliter le développement de leurs mauvaises passions. L'homme ayant reçu de l'éducation s'estimera heureux d'échapper à la vie commune avec des individus que dans le monde il chercherait à éviter.

Quant aux condamnés par les tribunaux de *simple police*, nous croyons que l'isolement ne doit pas leur être applicable.

GERS.

Le projet de loi, qui parait devoir embrasser toutes les prisons affectées aux détenus non militaires, ne contient pas un mot sur les détenus pour dettes, soit envers les particuliers, soit envers le trésor. Cette lacune se fait notamment sentir dans l'article 38 et dans les articles 39 et 41, où il est dit que le dépenses de construction et d'appropriation des prisons destinées aux inculpés, prévenus et condamnés à un an d'emprisonnement et au-dessous, ainsi que les dépenses relatives à ces détenus, sont à la charge des départements. On est naturellement porté à se demander à la charge de qui sont les prisons des détenus pour dettes envers les particuliers, et les frais de nourriture et autres dépenses des détenus pour dettes envers le trésor. Il serait convenable d'insérer dans la loi les dispositions des articles 115 et 116 du règlement général du 30 octobre 1841, portant que, dans les maisons qui ne leur seront pas exclusivement affectées, les détenus pour dettes occuperont des locaux séparés, et que le règlement de chaque prison déterminera les règles disciplinaires auxquelles seront soumis les débiteurs envers les particuliers ou envers l'État.

GIRONDE.

Il est bien difficile de ne pas avoir un régime uniforme dans la même prison. Où placera-t-on un détenu politique, si ce n'est dans une cellule? A Bordeaux il n'y a que des cellules. Comment l'empêcher d'être isolé, s'il est seul dans sa catégorie de condamnés?

LOIRE (HAUTE-).

Les délits réputés politiques attaquent nos institutions, le gouvernement, tout l'ordre social enfin; ils ont pour but avoué la destruction des principes d'ordre et de paix sur lesquels est basée la prospérité du pays, et l'on aurait pour eux plus d'indulgence que pour ceux qui ne sont préjudiciables qu'à un seul individu! Il en est de même des délits commis par la voie de la presse. L'expérience a prouvé qn'on rendra les uns et les autres d'autant plus rares que la sévérité de la justice intimidera plus ceux qui seraient tentés de les commettre.

MEUSE.

Aux termes de la loi du 8 octobre 1830, les délits politiques sont ceux qui sont spécifiés par les chapitres I et II du titre Ier du livre III du Code pénal, et dans le nombre se trouvent les attentats dirigés contre le roi et sa famille, les crimes contre la sûreté de l'État, la provocation à la guerre civile, la dévastation, le pillage public, etc., etc. Il est assez difficile de comprendre l'étrange indulgence dont le projet de loi veut qu'on use envers les auteurs de crimes aussi odieux; ni pourquoi on voudrait leur laisser dans les prisons la faculté de se concerter pour en commettre de nouveaux. Alibaud, Meunier, et leurs semblables, n'ont pas droit à plus d'intérêt que les autres misérables qui peuplent nos bagnes.

Si quelques condamnés de ce genre sont dignes de quelques adoucissements à leur peine, la clémence royale ne leur fera pas faute; mais si j'ose exprimer ma pensée sans réserve, je n'hésite point à dire qu'écrire dans une loi qu'une semblable faveur est accordée aux condamnés politiques, ce serait un véritable scandale.

MOSELLE.

D'après cet article, les dispositions de la loi ne seront pas applicables à certaines catégories de détenus, et entre autres aux individus poursuivis ou condamnés pour crimes punis de la détention, et aux condamnés pour contravention de simple police.

Ainsi que je l'ai dit dans mes observations sur l'article 33, je ne comprends pas pourquoi l'on fait une exception en faveur des condamnés à la détention, qui, dans l'ordre des peines, est une peine plus grave que celle de l'emprisonnement et même que la reclusion. Or les condamnés au simple emprisonnement, de même que les

12.

condamnés aux travaux forcés, étant soumis, par la loi en projet, à l'emprisonnement cellulaire, il semble en résulter qu'en affranchissant les détentionnaires de
l'emprisonnement cellulaire, on les traite mieux que les simples condamnés à
l'emprisonnement, si c'est par faveur qu'on les comprend dans l'exception; ou qu'on
les traite plus mal que les condamnés aux travaux forcés, si c'est pour rendre leur
peine plus intimidante et plus répressive; mais, dans l'un comme dans l'autre cas, ils
n'auraient pas la place ni le traitement que leur a assignés le Code pénal. Si c'est
parce que la peine de la détention n'est prononcée en général que pour crimes politiques, tout en admettant certaines excuses pour les *délits* qui ont ce caractère, je ne
pense pas qu'il doive y avoir, pour des *crimes* dont les conséquences sont bien autrement graves pour la société que les conséquences de crimes isolés, une indulgence
qu'on n'accorde pas aux auteurs de simples délits.

Le dernier paragraphe du même article porte que la loi ne sera pas applicable aux
condamnés pour contravention de simple police.

Je crois qu'il conviendrait d'ajouter : ni aux détenus pour dettes envers des particuliers ou envers l'État, à moins toutefois qu'ils n'aient déjà subi une détention
antérieure.

Cette addition me semble indispensable pour fixer la position de ces classes de
détenus, et pour intimider les délinquants forestiers et contrebandiers qui viennent
périodiquement prendre leurs quartiers d'hiver dans nos prisons.

SEINE. (PRÉFET DE POLICE.)

Les articles 37 et 38 renferment des exceptions en faveur des septuagénaires et
des individus poursuivis ou condamnés pour certains crimes ou délits. Ces exceptions ne me paraissent pas suffisamment motivées. Sans doute les crimes punis de la
détention, ceux réputés politiques ou commis par la voie de la presse, sont d'une
nature toute spéciale et ne sauraient être assimilés aux crimes ou délits ordinaires.
Mais d'abord il pourra arriver fréquemment que des individus, renfermés pour cause
politique, aient été condamnés précédemment pour d'autres motifs; sous ce rapport
seul il y aura toujours inconvénient grave à ne pas les soumettre au régime de l'isolement. Il est probable encore que, parmi les détenus de cette catégorie, les uns
demanderont à être séparés, tandis que les autres voudront vivre en commun. Le
système cellulaire, une fois établi dans toutes les prisons, ne permettra guère de
satisfaire à ces exigences diverses, ou bien il faudra, du moins en ce qui concerne
les prisons de la Seine, créer, dans la plupart des établissements, de vastes chambres
qui, ne pouvant être affectées qu'à cette destination, resteront le plus souvent inoc-
cupées, alors que dans d'autres circonstances elles ne suffiront plus à la population
en vue de laquelle elles auront été établies. En outre il n'est pas douteux pour moi
que de l'exécution de ces dispositions naîtront à chaque instant des embarras, des

difficultés et des complications de service que l'administration doit éviter autant qu'il dépend d'elle.

Je crois, au surplus, que toute exception dans l'espèce doit porter atteinte au principe même de l'isolement, et par ces motifs je demanderais la suppression entière des articles 37 et 38.

TARN.

Le régime cellulaire sera-t-il appliqué aux détenus pour dettes, pour délits de chasse, etc.? Je pense que ces détenus ne doivent pas y être soumis.

VAR.

Ne devrait-on pas comprendre dans l'exception prononcée par cet article les détenus pour dettes?

VIENNE.

Le projet de loi excepte de l'application du système d'emprisonnement individuel les condamnés pour délits commis par la voie de la presse ou par tout autre moyen de publication, et les condamnés pour délits politiques, aux termes de la loi du 8 octobre 1830. Il me semble que l'espèce de privilége accordé à ces délits ne se justifie par aucune raison solide. Pourquoi, si le système cellulaire est un moyen d'intimidation, la société se dessaisirait-elle de cette arme préventive à l'égard des délits les plus fréquents et les moins souvent réprimés? Pourquoi le diffamateur serait-il dispensé d'une rigueur pénale qui atteindra le coupable d'une simple infraction matérielle aux lois de la police de la presse ou à la loi sur la chasse? L'homme qui aura outragé un magistrat par des paroles publiques sera soumis au système cellulaire, et s'il le diffame par la voie de la presse il sera exempt de l'application de ce système? Une telle anomalie ne peut être maintenue sans injustice. L'emprisonnement doit être, pour tous ceux à qui la loi l'inflige, une peine identique. Il faut changer la peine si elle semble trop forte, mais avec le mode d'exécution attribué à sa nature par le droit commun.

VOSGES.

Il y aurait peut-être quelque raison d'ajouter aux exceptions formulées par cet article celle résultant des délits forestiers ou des contraventions à la police de la chasse.

ART. 43.

Sur la demande des communes, le ministre pourra autoriser la réunion, dans un même local, de diverses espèces de prisons municipales et départementales; dans ce cas, le conseil général du département déterminera la somme que les communes devront fournir pour leur part de réparation et d'entretien.

DORDOGNE.

Il faudrait rendre *impérative* la disposition facultative de cet article, car les communes affranchies jusqu'à ce jour des dépenses de construction, d'entretien des prisons dans lesquelles subissent leur peine les condamnés en matière de simple police, ne feront aucune demande tendante à coopérer à ces dépenses. Au surplus, on pourrait se borner à exiger d'elles un prix annuel de location en rapport avec la part qu'elles prendraient dans l'occupation des bâtiments.

Enfin les communes paraissent arriver accidentellement dans la rédaction de l'article 43, sans qu'aucune disposition de la loi ait fait connaître qu'elles sont obligées d'indemniser le département lorsqu'elles n'ont pas de prisons municipales pour recevoir les condamnés pour contravention de simple police.

GARD.

L'article 43 confère aux conseils généraux le soin de déterminer la part contributive des communes et des départements dans le cas où on viendrait à autoriser la réunion dans un même local de prisons municipales et départementales. Il serait plus rationnel et plus conforme aux précédents de ne point abandonner aux conseils généraux, qui sont partie intéressée au débat, le droit de juger souverainement la question du concours. Ne pourrait-on pas dire que le conseil général proposera et que le ministre fixera la part contributive des communes suivant ce qui se pratique, d'ailleurs, pour le service des aliénés et des enfants trouvés ?

GARONNE (HAUTE-).

L'article 43 décide que le ministre pourra autoriser la réunion, dans un même local, de diverses espèces de prisons municipales et départementales, et, dans ce cas, le conseil général déterminera la somme que les communes devront fournir.

Mais, d'après l'article 39, les dépenses des prisons, moins les maisons centrales, seront à la charge des départements. Ce qui ne sera pas supporté par eux le sera par les communes. Est-il juste, dès lors, que la situation des communes en conflit avec les départements soit réglée par les conseils généraux? Ceux-ci, étant parties dans les débats, peuvent-ils en être les juges? Il me semblerait plus naturel de réduire leur action à un simple droit d'observations, et le ministre, qui protége au même titre les départements et les communes, jugerait la question.

MOSELLE.

Ne semblerait-il pas résulter de cet article que chaque commune devrait avoir sa prison municipale pour y faire subir l'emprisonnement prononcé par le tribunal de simple police? Cependant, si cela peut se faire dans les villes de quelque importance, peut-on l'exiger de communes rurales d'une faible population, qui n'ont que très-rarement des condamnés de cette nature? Comment peut-on supposer que ces communes feront *des demandes* pour qu'on dispose un local pour leurs condamnés? Quel concours pourrait-on raisonnablement exiger d'elles à la dépense de construction, de réparation et d'entretien? D'ailleurs comment pourrait-on exiger qu'un individu appartenant à une commune qui n'aurait pas de prison municipale fût obligé de se rendre dans un endroit, souvent éloigné, pour y subir quelques jours, quelquefois seulement quelques heures de prison? Ne serait-il pas plus simple d'affecter à ces condamnés, tout en maintenant pour les communes qui voudraient en user la faculté consacrée par l'article qui nous occupe, les chambres ou dépôts de sûreté qui existent à peu près dans tous les cantons et que l'article 40 désigne comme étant destinés au transfèrement des prisonniers? Il suffirait pour cela d'ajouter à cet article 40 « *ou à l'emprisonnement* prononcé par les tribunaux de simple police du « canton, sauf la réserve stipulée à l'article 43. »

Ce dernier article ne parle pas des frais de nourriture des individus renfermés dans les prisons municipales, parce qu'ils sont probablement compris dans les frais que le numéro 2 de l'article 41 met à la charge des départements.

ART. 44.

Le préposé en chef à l'administration d'une prison, sous le titre de directeur ou de tout autre, sera soumis aux obligations prescrites par les articles 607, 608, 609 et 610 du Code d'instruction criminelle.

Les dispositions des articles 230, 231 et 233 du Code pénal lui seront applicables ainsi qu'aux autres fonctionnaires attachés à l'administration des prisons.

ILLE-ET-VILAINE.

La rédaction du deuxième paragraphe manque de précision, attendu que, bien certainement, on a voulu dire que les articles 230, 231 et 233 seront applicables non pas aux préposés et directeurs des prisons, mais bien à ceux qui se livreraient contre eux à des actes de violence.

LOIR-ET-CHER.

Les membres des commissions des prisons me semblent devoir être protégés par les articles 230 à 233 du Code pénal. En effet, de même que les préposés des prisons, sur lesquels ils ont le droit de surveillance, ils exercent des fonctions qui relèvent de la loi et jouissent au moins d'un caractère officiel qu'il est de bonne administration de faire respecter.

LOIRET.

Je suis d'avis qu'il faudrait, comme on l'avait fait dans le projet de loi présenté en 1840, placer les fonctionnaires attachés à l'administration des prisons sous la protection de l'article 232 du Code pénal. Les violences auxquelles les détenus se livreraient contre eux peuvent être fortuites ou préméditées, l'effet d'un emportement accidentel ou d'une vengeance calculée. Or il n'est pas possible de mettre sur la même ligne l'agression d'un détenu au moment même où le gardien se présente pour le visiter et celle qui résulte d'une discussion survenue entre eux.

Je pense également que les membres des commissions de surveillance devraient être placés sous la même protection que les préposés de la prison, car ils ont comme eux des fonctions à remplir en exécution de la loi, et ils ont un caractère officiel qu'il faut faire respecter.

NORD.

L'article 44 du projet de loi, en déclarant que le préposé en chef de l'administration d'une prison sera soumis aux obligations prescrites par les articles 607, 608, 609 et 610 du Code d'instruction criminelle, fait du directeur un simple gardien-chef. A mon avis, c'est ce dernier qui doit rester chargé de signer l'acte de remise d'un condamné conformément aux prescriptions de l'article 608 du Code d'instruction criminelle. Une prescription contraire pourrait éloigner de l'administration des prisons des hommes qui auraient pu y rendre des services.

SEINE-ET-MARNE.

Il me parait difficile et très-peu utile de soumettre un directeur de prison aux prescriptions minutieuses des articles 607, 608, 609 et 610 du Code d'instruction criminelle, à la perte de temps, à la responsabilité et aux autres conséquences que ces articles entrainent. Ce serait faire descendre ce fonctionnaire à des détails jusqu'ici attribués au simple gardien-chef.

Sans doute le législateur s'est proposé un but; il a voulu probablement donner à la société une plus grande garantie en élevant la responsabilité; mais cette garantie n'existe-t-elle point déjà? Et s'il pouvait arriver qu'un gardien-chef, dans un acte arbitraire, justifiât qu'il a agi par ordre de ses supérieurs sur des objets du ressort de ceux-ci, les supérieurs qui auraient donné l'ordre ne seraient-ils point atteints par le second paragraphe de l'article 114 du Code pénal?

Il me semble donc qu'aucun intérêt ne réclame sur ce point, à l'état actuel des choses, une modification qui serait inconciliable avec la dignité des fonctions de directeur, et avec tous les devoirs qui y sont attachés.

———

ART. 45.

En cas de menaces, injures ou violences commises par un prisonnier, ou de toute autre infraction aux règlements de la maison, les moyens que le préposé en chef pourra employer seront :

1° La cellule obscure pendant cinq jours au plus;

2° La privation du travail;

3° La mise au pain et à l'eau pendant cinq jours au plus;

4° Une retenue sur la part qui lui aurait été allouée sur les travaux ou sur son dépôt d'argent à la caisse de la maison;

5° L'interdiction de communiquer avec ses parents et amis.

Le préposé en chef pourra employer tout ou partie de ces moyens de correction, selon les cas.

Il pourra de même ordonner la mise aux fers en cas de violence grave ou de fureur.

Dans tous les cas, il en rendrait compte dans le délai et selon les formes qui seront déterminés par une ordonnance du Roi portant règlement d'administration publique.

Chaque mois, le préposé en chef de la maison rendra compte par écrit au procureur général des punitions disciplinaires qui auront été infligées aux prisonniers.

AIN.

La privation de la promenade pendant cinq jours au plus semblerait pouvoir être appliquée avec avantage dans des cas moins graves que ceux pour lesquels la cellule obscure sera ordonnée.

§ 4. Dans l'intérêt de la considération des préposés en chef, il faut se garder de leur donner le droit de priver un détenu d'une portion du prix de ses travaux. Ils pourraient être soupçonnés de détourner ces fonds à leur profit, et dans quelques cas même, il s'établirait peut-être des transactions criminelles des détenus aux préposés. Cette privation devrait être prononcée, sur le rapport du préposé en chef, par la commission de surveillance ou par le préfet.

Dernier §. Le compte à rendre par le préposé en chef au procureur général des punitions disciplinaires paraît une superfétation. Ces magistrats sont placés trop loin du siége de la plupart des prisons de leur ressort, pour qu'ils puissent s'occuper de l'action disciplinaire de ces maisons. Les rapports qu'ils recevrqnt à cet égard passeront inaperçus. Toutes ces prescriptions devraient rester, d'ailleurs, dans le domaine des règlements, afin de pouvoir y apporter les modifications que le temps et l'expérience pourraient indiquer.

AISNE.

L'article 45 énumère les moyens de punition que le préposé en chef pourra employer à l'égard des détenus auteurs de menaces, d'injures, de violences commises ou de toute autre infraction aux règlements de la maison.

L'observation déjà présentée au sujet des articles 8 et 25 acquiert ici plus de force encore, lorsqu'il s'agit de l'application des moyens de correction mis à la disposition absolue du préposé en chef.

Que cet agent soit un directeur de maison centrale, la faculté qui lui est accordée par l'article 45 peut subsister sans inconvénient; il n'en peut être de même d'un gardien-chef d'une prison départementale. Il y a une distinction à établir afin de prévenir un abus de pouvoir qui pourrait se renouveler trop fréquemment dans ces maisons. Le préposé en chef d'une maison d'arrêt pourrait être autorisé à appliquer les moyens de punition indiqués dans les paragraphes 1, 4, 5 et 7, sauf à en rendre compte *immédiatement*, et s'il ne s'agissait que de l'une des peines comprises dans les paragraphes 2 et 3, il n'aurait à en rendre compte que dans le délai et selon les formes qui seraient déterminées par une ordonnance royale portant règlement d'administration publique. Grâce à l'obligation de rendre compte immédiatement, le préposé ne serait pas désarmé, et néanmoins l'abus du pouvoir ne serait plus à craindre.

La série des punitions me paraît incomplète : il n'est pas question de la mise au cachot, quoi qu'il soit démontré dans la prison cellulaire de Saint-Quentin que, dans des cas exceptionnels, il est indispensable d'avoir recours à ce moyen de correction. Ainsi, dans cette dernière maison, on a vu des détenus mis en *cellule obscure*, pour injures et menaces, arriver en peu d'heures à un tel état d'exaspération, qu'ils troublaient, par leurs cris, leurs chants, l'ordre de la prison, au point de ne laisser pas de repos pendant la nuit aux autres détenus et aux employés. La mise aux fers n'arrête pas cette fureur, qui ne peut être calmée que par le cachot, parce que ceux que l'on y met savent que le bruit qu'ils y feraient ne serait pas entendu. Il faut un moyen de répression contre le désordre que je viens de signaler, et le cachot, ou, si l'on a de la répugnance à se servir de cette expression, la *cellule de punition*, est, à mon avis, préférable au baillon de fer employé dans les pénitenciers des États-Unis. Il n'est pas non plus question de la privation de l'heure d'exercice accordée aux prisonniers par les articles 6 et 26, et cependant cette punition est l'une de celles qu'il conviendrait d'infliger aux détenus pour la répression d'infractions aux règlements. Il y aurait lieu de faire cette addition aux dispositions contenues dans l'article 45.

Enfin une autre addition me paraît devoir y être également introduite. On ne peut rigoureusement considérer comme une peine *la privation de travail*. Pour les bons esprits, pour les hommes ayant des habitudes laborieuses, c'en est une sans doute. Il vaudrait mieux diminuer la part prise sur le produit du travail. Pour la privation prononcée par le n° 2 de l'article 45, on aurait pour effet de trop arrêter les condamnés sur la punition qui vient de leur être infligée, et, en même temps, de les irriter. L'inaction produirait nécessairement une exaltation fâcheuse, en excitant la méditation sur des sujets également fâcheux. C'est un inconvénient qu'il conviendrait d'éviter. Combien de condamnés, en effet, regarderaient comme un bien cette privation du travail ! Accorder à ceux qui se conduisent bien un plus ample profit ou une heure de plus de travail, ce serait en donner le goût aux détenus; mais je pense qu'il ne faut pas leur faire naître l'idée que, pour une faute, ils cesseront de travailler. Il y aurait donc lieu de modifier ainsi le n° 2 de l'article précité : « la privation d'une portion du « produit du travail. »

ALPES (BASSES-).

Le dernier paragraphe de l'article 45, faisant partie du titre V, soumet le chef de la maison à rendre compte par écrit, chaque mois, au procureur général, des punitions disciplinaires infligées aux prisonniers.

Cette disposition est peu en harmonie avec la pensée qui a dicté le titre Ier, où se manifeste l'intention de centraliser au ministère de l'intérieur la surveillance et la direction des prisons, et d'établir les règles générales et uniformes. Ce serait déroger à ce principe que d'appeler le procureur général à contrôler l'action du préposé en chef dans l'usage des moyens disciplinaires que la loi a mis en son pouvoir. Le compte exigé par l'article 45 devrait donc être rendu à l'autorité administrative. Il pourrait être présenté à la commission de surveillance, et transmis avec ses annotations au préfet, comme représentant l'autorité centrale, de laquelle relèvent les prisons. Cette mesure serait plus efficace que l'envoi au procureur général, qui, par son éloignement de la plupart des prisons, est moins à portée d'exercer un utile contrôle.

ALPES (HAUTES-).

De regrettables conflits se sont élevés entre l'autorité judiciaire et l'autorité administrative, à l'occasion des faits qui se sont passés dans les maisons centrales, et il sera fort désirable, pour en prévenir le retour, que la loi établisse à cet égard une démarcation claire et précise, au lieu de renvoyer aux lois et règlements antérieurs.

13.

L'autorité judiciaire n'admettra jamais, par exemple, que son intervention ne devrait être acceptée qu'autant que le fait qui s'est passé dans une maison centrale est de nature à être qualifié crime ou délit. Elle ne pensera pas non plus que la prudence et la position exceptionnelle des maisons centrales lui conseillent même de ne prendre jamais l'initiative de l'information, et d'attendre que l'autorité administrative ait apprécié si le fait mérite ou non d'être dénoncé aux tribunaux, qu'il s'agisse d'un crime ou d'un délit. Il arrive en effet assez souvent à des condamnés, dans l'état actuel des choses, de commettre des délits dans la prison uniquement pour échapper à la sévérité du régime, et lorsque la loi sera en vigueur, la punition disciplinaire produira encore de meilleurs résultats qu'une simple prolongation de peine prononcée par jugement.

Car quel va être l'effet de la loi, lorsqu'elle sera en vigueur dans toute la France? Ce sera, en cas de condamnation nouvelle d'un détenu, de prolonger la même peine partout où il sera envoyé. Alors les peines disciplinaires dans la même maison, c'est-à-dire l'aggravation par une plus grande sévérité dans le régime, seront plus efficaces que cette prolongation, et conséquemment les moyens qui sont au pouvoir de l'administration, plus grands pour le maintien de l'ordre que ceux qui seront aux mains de la justice.

Enfin, des magistrats du parquet ont prétendu avoir le droit d'ordonner la mise en liberté des condamnés à l'expiration de leur peine, et d'exercer leur autorité et leur surveillance dans les maisons centrales. S'il en est ainsi sous la législation actuelle, n'est-il pas à craindre que, sous l'empire de la nouvelle loi, les prétentions ne grandissent, en présence surtout de la disposition du dernier paragraphe de l'article 45, qui astreint les directeurs à rendre compte tous les mois au procureur général des punitions disciplinaires infligées aux prisonniers? Cette communication donnera lieu, on peut le supposer, à des observations plus ou moins conformes au droit de l'autorité administrative et à l'usage qu'elle en aura fait, d'où peuvent naître des embarras de plus d'un genre pour l'ordre et la discipline, et qu'il serait sage de prévenir.

BOUCHES-DU-RHONE.

La rédaction du dernier paragraphe de cet article est telle, qu'au premier abord il semble être en contradiction avec l'article 1er, qui place les prisons sous l'autorité du ministre chargé de l'administration départementale. Si l'agent de l'administration est tenu de rendre compte au procureur du Roi de l'emploi qu'il a fait de son autorité sur les détenus, par là même la haute police de la prison passe à l'autorité judiciaire. Ce ne peut être là ce qu'a entendu la Chambre des Députés, qui a introduit cette disposition par voie d'amendement. On a sans doute voulu dire qu'il importait de renseigner le procureur du Roi sur la conduite et la moralité des détenus, afin que ce magistrat fût en mesure de sévir contre eux au besoin, et de s'expliquer en connaissance de cause lorsqu'on lui demande son avis, avant d'accorder une grâce ou une atténuation de peine. Ainsi comprise, la disposition est sage et doit produire de bons effets; mais, pour lui donner ce sens et faire disparaître toute équivoque, il serait nécessaire de remplacer les mots : *rendra compte* par ceux *fera connaître.*

Toutefois, pour ne pas laisser sans contrôle l'action de l'agent subalterne à qui est confiée la garde de la prison, il paraît convenable de l'obliger à rendre compte des punitions à l'autorité de qui il tient son pouvoir et sous la responsabilité de laquelle il agit. A cet effet, la disposition additionnelle qui suit devrait terminer le paragraphe : « en même temps il en rendra compte au préfet du département, ou « au sous-préfet dans l'arrondissement duquel sera située la prison. »

CANTAL.

Rien ne justifie l'intervention de l'autorité judiciaire dans l'appréciation de la conduite du gardien-chef pour les peines disciplinaires qu'il aura infligées, ainsi que le prescrit le dernier paragraphe de l'article 45. Cette disposition est au moins inutile, puisque l'un des paragraphes précédents impose audit gardien l'obligation de rendre compte dans les délais ordinaires, et à qui de droit, c'est-à-dire à l'administration, de toutes les peines disciplinaires qu'il aura cru devoir infliger. Cette disposition aurait, dans la pratique, le déplorable résultat, non-seulement d'immiscer le pouvoir judiciaire à une partie du service public auquel il doit rester étranger, mais même de lui confier une sorte de contrôle sur les actes de l'administration. Cette tendance est très-remarquable dans le projet de loi, et elle peut avoir de funestes effets qu'il est nécessaire de signaler hautement.

CHARENTE-INFÉRIEURE.

On ne pense pas qu'on doive faire figurer au nombre des châtiments la retenue sur l'argent gagné dans la maison ou sur le dépôt d'argent du condamné, parce que l'article 24 lui attribue une portion du produit de son travail après sa sortie, attendu qu'on punit là plutôt l'avenir que le présent, parce qu'il est dans l'intérêt de la société que l'homme qui a subi sa peine n'y rentre pas dénué de toutes ressources.

DORDOGNE.

Au rang des moyens de correction que le préposé en chef peut infliger en cas de menaces, etc., on doit ajouter les privations de lecture, pour ne pas être en opposition avec l'article 30.

EURE.

L'article 45 du projet n'établit aucune différence entre le directeur d'une grande prison et le gardien-chef d'une simple prison départementale, puisqu'il le rend responsable des évasions.

D'un autre côté, l'article 45 oblige le même directeur à rendre compte par écrit au procureur général du ressort des punitions disciplinaires qu'il aura infligées dans le courant de chaque mois. Il suit de là que le procureur général, dont les pouvoirs seront d'ailleurs souvent délégués à un fonctionnaire judiciaire d'un ordre inférieur, exercera un droit de contrôle qui influera d'une manière sensible et désavantageuse sur le caractère du directeur.

FINISTÈRE.

Les gardiens-chefs des prisons départementales, qui ne peuvent toujours être des gens bien intelligents, et qui ont trop souvent quelque brutalité dans le caractère, ne devraient pas être investis du pouvoir d'infliger aux détenus la cellule obscure, l'interdiction de communiquer avec leurs parents et la mise aux fers, sans être tenus de rendre compte *immédiatement* de ces mesures au maire de la ville, et de les faire ratifier par lui dans les vingt-quatre heures.

GARD.

La disposition la plus saillante de cet article est celle qui impose aux préposés en chef des prisons l'obligation de rendre aux procureurs généraux un compte mensuel des punitions disciplinaires infligées aux prisonniers. L'autorité judiciaire trouvera implicitement dans cet article le droit de s'immiscer dans le régime intérieur des prisons, de s'enquérir *de visu et auditu* du point de savoir si les directeurs ou gardiens ont infligé les punitions disciplinaires dans l'ordre et suivant les limites déterminées par la loi. Ceci mène tout droit à la confusion des pouvoirs et aux conflits. Il n'est pas prudent de placer les prisons et leurs préposés en chef sous le contrôle de deux autorités parallèles. L'article 1er décide, en principe, que l'ensemble des prisons civiles est placé dans les attributions du ministre de l'intérieur; est-il logique d'abandonner ce principe dans l'exécution et de donner les procureurs généraux comme auxiliaires au département de l'intérieur? Je ne le pense pas.

On dira, sans doute, que les procureurs généraux et les préfets sauront mettre de côté de misérables difficultés d'amour-propre et d'étiquette, et faire tourner au profit du service le double pouvoir qu'ils auront reçu de la loi. Je voudrais le croire ; mais l'exemple du passé ne me rassure pas pleinement sur l'avenir. Je crains que ce ne soit organiser la lutte dans un ordre de questions d'où elle devrait être le plus sévèrement bannie, que de leur confier un commun contrôle sur les prisons.

Je crains enfin que l'article 46, commenté par un certain nombre de citations empruntées à la tribune, ne fasse pas cesser les conflits qui existent aujourd'hui entre les autorités préposées à la surveillance des prisons. Cet article ranimera des prétentions que l'administratiou s'efforçait depuis longtemps de combattre, et nous ménagera peut-être de sérieuses difficultés pour l'avenir. Si le droit d'agir vient à se partager, même dans des proportions très-inégales, entre plusieurs mains, il est à craindre que le succès de l'œuvre ne soit jusqu'à un certain point compromis.

GARONNE (HAUTE-).

Le dernier paragraphe de l'article 45 oblige le gardien-chef à rendre compte par écrit au procureur général des punitions disciplinaires qui auront été infligées aux prisonniers. Il me semble qu'il devrait être tenu de rendre le même compte aux préfets, en qui réside la surveillance générale des prisons.

GERS.

L'article 45 oblige chaque mois le préposé en chef de la prison à rendre compte au procureur général des peines disciplinaires qui auraient été infligées aux condamnés. Rien ne semble justifier ou nécessiter cette disposition, qui ne tend qu'à donner à un agent de l'administration en quelque sorte un caractère double, une double responsabilité, et à contrarier, pour ainsi dire, les deux autorités auxquelles le soumet une hiérarchie impossible.

Le même article semble donner au préposé en chef un droit peut-être exorbitant, en ce qu'il lui accorde l'exercice de ce droit pour une simple infraction aux règlements de la prison comme pour les cas de menaces, injures ou violences, qui exigent une répression prompte et sévère, et en ce qu'il ne l'oblige dans tous les cas *qu'à en rendre compte* dans le délai et selon les formes qui seront déterminés par une ordonnance du Roi. Les mots *en référer* seraient préférables, attendu qu'ils renferment plus implicitement le droit réservé au fonctionnaire chargé de la haute surveillance de la prison d'approuver ou de faire cesser la mesure appliquée.

Il est conforme aux vues d'humanité d'astreindre ces fonctionnaires, dont le personnel peut laisser encore quelque temps beaucoup à désirer, à rendre fréquemment compte des mesures qu'ils auront prises. Il convient de leur donner de nombreux moyens d'action et d'intimidation sans doute; mais il convient aussi que leurs actes soient soumis au contrôle presque instantané de l'autorité supérieure.

GIRONDE.

Si c'est le maximum de la punition qui est ici déterminé, il peut paraître un peu faible dans certains cas; dans tous il semble que l'on laisse trop de latitude au préposé en chef. Il ne devrait pouvoir infliger qu'une punition de quarante-huit heures, sauf à rendre compte au sous-préfet.

Le cas où le préposé est directeur est le seul où l'on devrait laisser à sa disposition l'application de la punition de cinq jours.

HÉRAULT.

La disposition finale de l'article 45 devrait être supprimée. Ou c'est l'autorité administrative, ou c'est l'autorité judiciaire qui sera chargée de la surveillance de ces maisons. Mais il ne faut pas mêler les attributions et mettre les autorités en présence.

ILLE-ET-VILAINE.

Mettre huit jours au lieu de cinq, qui sont un maximum trop faible. Ce compte-rendu au procureur général de l'exécution, non pas des jugements et arrêts, mais des règlements intérieurs et disciplinaires, semble mettre l'administration en suspicion et la mettre sous la surveillance du parquet, sans qu'on dise ce qui arrivera si le préfet approuve et si le procureur général désapprouve les punitions infligées par le préposé ou directeur de la maison.

INDRE.

Le dernier paragraphe de cet article devrait distinguer entre les corrections infligées aux *prévenus* ou *accusés* et celles infligées aux *condamnés*. Dans le premier cas, le préposé en chef aurait à rendre compte des punitions au procureur général ou au procureur du Roi, selon le lieu où se trouverait située la prison, puisque des individus punis disciplinairement seraient encore sous la main de l'autorité judiciaire.

Dans le second cas, le compte devrait être rendu au préfet, à la disposition duquel sont mis les *condamnés* dès le moment où l'acte de condamnation est devenu définitif.

JURA.

Il me semble que compte doit en être rendu au préfet. Il importe que l'autorité administrative, qui exerce sa surveillance sur le régime intérieur des prisons, ait connaissance de tout ce qui s'y passe; il est, d'ailleurs, convenable que l'autorité judiciaire en soit également informée.

LOIR-ET-CHER.

Ne serait-il pas de plus prompte expédition que l'état des punitions infligées aux prisonniers fût remis par le gardien-chef au procureur du Roi? Ce magistrat, après examen, ferait au besoin relever les erreurs et inexactitudes commises par cet agent et ensuite adresserait directement l'état dont il est question au procureur général, qui y puiserait des renseignements précis sans avoir besoin de recourir à la voie de correspondance.

LOT-ET-GARONNE.

D'après le dernier paragraphe de cet article, le préposé en chef de chaque prison serait tenu de rendre par écrit un compte mensuel au procureur général des punitions disciplinaires qui auront été infligées aux prisonniers.

Je suis d'avis de supprimer cette disposition. Sans parler du travail long et minutieux qu'elle exigerait, je me bornerai à rappeler que les condamnés ne sont plus soumis au pouvoir judiciaire; l'administration seule doit s'en occuper et les surveiller. Dès lors, aucun compte ne me paraît dû à MM. les procureurs généraux, à moins que quelque détenu ne leur adresse des plaintes. Il n'existe déjà qu'une trop grande tendance de la part des pouvoirs judiciaires à empiéter sur les pouvoirs administratifs : il convient que leurs attributions respectives restent parfaitement distinctes et séparées.

MAINE-ET-LOIRE.

Dans les cas de punitions disciplinaires ou exceptionnelles autorisées par cet article, à la charge d'en rendre compte au procureur général, le préposé à la garde d'une prison devra aussi en rendre compte au préfet : si le ministère public doit veiller à ce que les détenus ne soient pas soumis à d'autres traitements que ceux que la loi autorise, ce devoir incombe également à l'administration, qui est, de plus, responsable du maintien du bon ordre et de la sûreté des prisons.

MANCHE.

Ou les comptes mensuels dont parle l'article 45 se borneront à de simples rapports écrits, sans donner ouverture à l'investigation de MM. les procureurs généraux dans le régime intérieur des prisons, ou bien ils leur conféreront ce pouvoir. Dans le premier cas, la mesure est illusoire : on ne peut espérer, en effet, que les préposés mentionneront dans leurs rapports les abus qu'ils auront eux-mêmes commis ou tolérés. Au contraire, l'intervention active de l'autorité judiciaire placerait l'autorité administrative dans un état d'infériorité relative et de suspicion permanente ; elle diminuerait son pouvoir sur les préposés des prisons, romprait la hiérarchie, affaiblirait par conséquent la responsabilité, qu'il importe bien plutôt de fortifier en la centralisant; enfin, elle détruirait le principe posé par la loi elle-même, qui, par son article 1er, place toutes les prisons sous l'autorité exclusive du ministre de l'intérieur. Peut-être que, dans la pratique, il n'en résulterait pas, en définitive, les frottements, les difficultés que je signale comme étant préjudiciables pour le service; mais l'indépendance de l'autorité administrative, la considération dont il importe qu'elle demeure entourée, n'en auraient pas moins éprouvé une atteinte dans l'opinion publique, et cet inconvénient, à mon avis, l'emporte sur l'avantage assurément fort douteux qui est le but avoué de la mesure dont il s'agit.

MARNE.

Les observations qui ont été faites ci-devant sur les attributions des préposés en chef des prisons s'appliquaient particulièrement à ce qui concerne les punitions énoncées en l'article 46. Il faudrait n'avoir qu'une idée bien imparfaite du personnel des gardiens-chefs des prisons d'arrondissement pour ne pas comprendre qu'on ne pourrait, sans de graves inconvénients, leur confier un pouvoir aussi étendu que celui de prononcer les peines énoncées dans cet article, même à la charge d'en rendre compte. Les gardiens-chefs ne devraient être autorisés à prononcer des punitions qu'en cas d'urgence. La distinction établie par l'article 37 du règlement général du 30 octobre 1841 semblerait parfaitement sage; il y aurait lieu de la maintenir.

La disposition qui impose au préposé en chef l'obligation de rendre compte au procureur général constitue un mauvais précédent et un mauvais principe. Les gardiens et directeurs des prisons sont sous l'autorité et la police des préfets et non du pouvoir judiciaire, et c'est leur faire une fausse position que de les obliger à rendre compte à une autorité de laquelle ils ne relèvent pas, et, par là, de les soumettre en quelque sorte à sa censure.

Les préfets, aux termes de l'article 10 du Code d'instruction criminelle, ont, comme l'autorité judiciaire, la mission de rechercher les crimes et délits et de faire les actes nécessaires pour en déférer les auteurs aux tribunaux. Pourquoi donc ne suffirait-il pas que le préposé en chef de la prison leur rendît compte? Craindrait-on que, par une coupable condescendance, ils ne laissassent impunies des prévarications ou des infractions dont celui-ci se serait rendu coupable?

MEUSE.

Le chef d'une maison de détention doit être armé de toute l'autorité qui lui est nécessaire pour maintenir l'ordre; il faut qu'il puisse, sous sa responsabilité, mettre aux fers ou réprimer par tout autre moyen le détenu qu'il ne pourrait contenir autrement : son action, dans ce cas, doit être prompte et sans contrôle. Mais je crois qu'on ne doit pas lui attribuer une sorte de pouvoir judiciaire ni le droit de prononcer des peines aussi graves que le sont celles qui sont comprises sous les cinq numéros de cet article. C'est un simple agent de l'autorité; il ne faut pas en faire un juge, un juge prononçant arbitrairement, souvent dans sa propre cause, et pouvant étouffer toutes les plaintes.

Les chefs des maisons de détention, surtout celles qui n'ont qu'une faible importance, sont souvent des gens dépourvus d'éducation, d'anciens militaires habitués à une obéissance passive, et à qui toute objection, tout retard dans l'exécution d'un ordre, paraît un crime punissable. Ceux mêmes dont les mœurs et les habitudes auraient moins de rudesse ne devraient pas, je crois, être investis du droit de punir : celui de prévenir et de réprimer suffit.

Je proposerais de ne laisser aux chefs des maisons de détention que le droit et le pouvoir d'ordonner toutes les mesures provisoires utiles au maintien de l'ordre parmi les détenus, et de transporter à la commission de surveillance le droit de prononcer les peines indiquées par l'article 45.

MOSELLE.

Un paragraphe pourrait, ce me semble, être ajouté au même article pour obliger le même agent à remettre aussi chaque mois à la commission de surveillance, qui l'adresserait avec ses observations au préfet ou sous-préfet, un rapport sur l'ensemble du service de la prison; plus, à la fin de chaque année, un rapport résumant les douze rapports mensuels et accompagné d'un rapport de l'aumônier et du médecin.

NORD.

Dans ce programme de punitions, on dépasse bien certainement tout ce que la philanthropie aurait pu demander. Limiter à cinq jours la mise au pain et à l'eau serait une faute grave. Quel est l'homme qui ne pourra pas braver cette punition sans que sa santé en souffre? et si un condamné peut braver ces punitions, que devient la discipline?

En pareille matière, la loi peut autoriser tout ce que l'humanité ne réprouve pas, et l'humanité ne saurait réprouver tout ce que peut admettre l'hygiène. Or, on trouve dans un rapport du docteur Pariset, à la société royale pour l'amélioration des prisons, le passage suivant.

« Un régime composé uniquement de pain et d'eau, si d'ailleurs il est suffisant, « est peut-être le plus salubre et le plus fortifiant que l'on connaisse, en même temps « qu'il est le plus économique et le plus simple. »

Après un tel aveu dans la bouche d'un médecin, est-il sage de venir, par une loi, fixer à cinq jours le maximum de la mise au pain et à l'eau?

Le fait suivant s'est passé dans la maison centrale de Loos :

Le nommé Thierry, ayant encouru une retenue sur son pécule, refuse le travail et déclare au directeur qu'il finira son temps au cachot; sa peine devait encore durer deux mois. Il fut donc mis au cachot au pain et à l'eau, et le directeur lui fit connaître qu'il y resterait jusqu'au moment où il demanderait à travailler. Que fit Thierry? il s'obstina à rester dans son cachot, pendant dix-sept jours, *au pain et à l'eau*, et il en est sorti très-bien portant. S'il avait eu les vivres ordinaires, il y aurait passé deux mois, ainsi qu'il l'avait annoncé; l'insubordination l'aurait emporté sur la discipline.

14.

Il faut prendre garde de désarmer l'administration des maisons de répression, en introduisant dans la loi des dispositions inutilement limitatives du droit que doivent avoir les directeurs d'assurer par des peines disciplinaires, sous leur responsabilité, l'ordre intérieur des établissements confiés à leur garde.

Quant au dernier paragraphe de l'article 45, je pense qu'il y aurait un très-grand inconvénient à la communication qu'il prescrit. Cette communication, en effet, implique le droit de la part du procureur général de contrôler et de blâmer les punitions infligées. Or, à quoi bon cette intervention de l'autorité judiciaire? Celle de l'autorité administrative ne suffit-elle pas? Pourquoi ouvrir la porte, par une disposition dont je ne comprends pas bien l'utilité, à de fâcheux conflits entre les deux autorités, alors que l'on dispose, tout d'abord, que les prisons sont placées sous l'autorité du ministre chargé de l'administration départementale? Si la communication contre laquelle je réclame n'est faite qu'à titre de renseignement, il faudrait que la loi le dît nettement; mais, dans ce cas encore, je n'en comprendrais pas la nécessité.

OISE.

L'article 45 me paraît en contradiction complète avec l'article 2 du projet. Il réglemente ce que ce dernier article se réserve de régler plus tard par ordonnance. Il me paraît d'autant plus important de réserver les droits de l'administration sur tout ce qui tient à la surveillance et au régime intérieur des prisons, que l'expérience pourra seule faire connaître ce qui sera le plus utile d'adopter, et que l'administration aura peut-être à réviser ce qu'elle aura arrêté dans ses premiers règlements. Elle doit, selon moi, au lieu de restreindre, étendre et fortifier l'action de ses agents, des préfets et des sous-préfets, et des maires. Le projet de loi ne nomme pas même les sous-préfets. Mais le préfet ne peut pas voir tout par lui-même. Il faut bien que ses délégués dans les arrondissements le suppléent et fassent exécuter ce qu'il ordonnera sous l'autorité du ministre.

Enfin, je ne vois pas pourquoi le préposé en chef d'une prison, surtout des prisons pour peines, rendrait compte seulement au procureur général des punitions disciplinaires qu'il inflige, sans que le préfet en fût même informé. Il sera répondu, sans doute, que les règlements pris en vertu de l'article 2 du projet de loi détermineront ce qu'il y a à faire à l'égard des préfets. Mais, en supposant qu'il en soit ainsi, c'est une raison de plus pour moi d'émettre l'opinion que l'article 45 doit disparaître de la loi et trouver sa place dans les ordonnances portant règlement d'administration publique.

ORNE.

Les moyens de punition indiqués me semblent devoir être modifiés en ce qui concerne la privation du travail. Il doit être interdit ou imposé comme châtiment, selon le caractère du coupable.

PYRÉNÉES (HAUTES-).

Il me semble que, dans l'intérêt des détenus, et pour éviter la reproduction de certains faits odieux qui ont été signalés, sans doute avec exagération, comme se rattachant à des punitions hors de nos mœurs actuelles, il convient d'ajouter à l'article 45 une disposition portant que *les détenus déclarés malades par le médecin de la maison ne subiront les punitions que le préposé en chef pourrait leur avoir infligées qu'après leur guérison.*

A cet effet, le médecin devrait être assujetti à un rapport au président de la commission de surveillance, qui veillerait à ce que les punitions ne fussent exécutées que lorsque les détenus auraient recouvré la santé.

PYRÉNÉES-ORIENTALES.

Sans doute le préfet pourra modifier la peine imposée par le préposé en chef.

Il serait même convenable qu'il ne fût opéré de retenue sur le produit du travail qu'avec son autorisation expresse.

Le compte à rendre au procureur général est encore une occasion de conflits.

Cet inconvénient, qu'il est essentiel d'éviter, se retrouve trois fois dans le projet de loi, par suite des dispositions ajoutées par la Chambre au projet du Gouvernement (articles 10, 20, 47).

Le préfet étant chargé de veiller à la discipline de la prison, c'est à lui qu'il appartient de connaître des mesures prises pour maintenir cette discipline. C'est pourquoi le préposé en chef est tenu de rendre compte au préfet des punitions disciplinaires qu'il a infligées aux prisonniers.

Pour quelle raison un compte semblable serait-il rendu au procureur général, et dans quel but?

Le procureur général jugera donc ce que le préfet a déjà jugé, pourra désapprouver ce que le préfet aura approuvé, et approuver ce qu'il aura désapprouvé, déclarer que le préfet a bien ou mal fait, en autorisant ou en n'autorisant pas telle ou telle autre mesure disciplinaire.

Ce contrôle de l'autorité judiciaire sur les actes de l'autorité administrative serait une atteinte à la séparation et à l'indépendance respective des pouvoirs.

A-t-on voulu seulement donner au procureur général le moyen de connaître les abus qui auraient été cachés au préfet?

Mais si le préposé en chef, qui rend compte à l'un comme à l'autre, n'a pas tout dit au préfet, il se gardera bien de dire davantage au procureur général.

D'ailleurs, s'il existe en réalité des abus que le préfet ne connaisse pas, le juge d'instruction, *tenu de visiter, au moins une fois par mois, les personnes retenues dans les maisons d'arrêt;* les présidents d'assises, *tenus de visiter, une fois au moins dans chaque session, les personnes retenues dans les maisons de justice;* les premiers présidents, procureurs généraux, présidents et procureurs du roi, membres d'office des commissions de surveillance, ont des moyens bien plus sûrs de les découvrir.

Il n'y a donc pas de raisons de conserver une disposition dont le moindre inconvénient est d'être inutile.

RHIN (HAUT-).

D'après le dernier paragraphe de l'article 45, le préposé en chef de la maison est tenu de rendre compte au procureur général des punitions disciplinaires qui auront été infligées aux prisonniers.

C'est *au préfet* que ce compte semble devoir être rendu : en effet, après la remise des extraits d'arrêts ou de jugements, les condamnés sont placés sous l'action de l'administration, et c'est aussi à l'autorité administrative qu'appartiennent au surplus, et exclusivement, la police et la surveillance des prisons.

SEINE. (PRÉFET DE POLICE.)

Au nombre des punitions autorisées par l'article 45 figure : « la cellule obscure pendant cinq jours *au plus*. L'expérience a démontré que, dans la plupart des cas, cinq jours de cellule obscure ne produiront aucun effet sur le condamné. Il ne faut pas perdre de vue d'ailleurs que si, à l'expiration des cinq jours, le détenu ne s'est pas *amendé*, le directeur, qui ne peut céder dans aucun cas, sera nécessairement obligé de maintenir la punition, en sorte que, sous ce rapport, les dispositions de l'article 45 deviendraient absolument sans objet. Par ces motifs, je serais d'avis de supprimer, dans le paragraphe relatif à la cellule obscure, les mots : *pendant cinq jours au plus,* l'administration devant rester libre d'augmenter ou de réduire, suivant les cas, le temps de la punition.

Je voudrais également qu'on supprimât le dernier paragraphe de l'article 45, qui oblige le préposé en chef à rendre compte par écrit au procureur général des punitions disciplinaires infligées aux prisonniers, cette disposition m'ayant paru devoir donner lieu à des conflits et porter atteinte à l'autorité administrative, qui est seule chargée de la garde des détenus, et à laquelle aussi incombe la responsabilité des mesures à prendre pour l'ordre et la sûreté des prisons.

SEINE-INFÉRIEURE.

Que fera de ces états de punitions le procureur général ? Occupé de questions bien plus importantes, d'intérêts beaucoup plus graves, aura-t-il le temps, lui ou son parquet, de s'occuper de ces punitions ? Je pense qu'il vaudrait mieux adresser cet état au procureur du roi, qui n'en aura qu'un à examiner, qui sera sur les lieux, qui connaîtra le personnel de la maison, et qui, d'ailleurs, dans les cas qui l'exigeront, ne manquera pas d'en informer son supérieur immédiat. Dans l'espèce, l'examen des états de punitions disciplinaires fait par le procureur du Roi présentera autant de garanties pour la société, et pour les condamnés mêmes, que s'ils étaient soumis au procureur général.

SEINE-ET-MARNE.

Parmi les détenus des maisons centrales que n'a point encore domptés le régime cellulaire, il en est un très-grand nombre à qui cinq jours de punition ne feront point une impression salutaire; mais en sera-t-il de même de ceux qui auront été soumis au système d'emprisonnement individuel?

Si le législateur a voulu seulement protéger la santé des détenus, sa sollicitude sur ce point me paraît excessive, car l'arbitraire qu'il veut empêcher a constaté, du moins, que la santé, dans le plus grand nombre des cas, résiste à de bien plus longues privations. Mais si son but a été, en même temps, d'atteindre les caractères les plus endurcis, évidemment la répression est insuffisante.

Il faut une limite, cependant, pour empêcher une prolongation abusive de ce régime; je suis donc d'avis que, tout en limitant le pouvoir du directeur, il y a lieu de l'étendre sur ce point.

Je laisse d'ailleurs aux gens de l'art la solution précise de la question, me bornant à exprimer le vœu que les punitions les plus graves soient entourées de garanties propres à faire ressortir l'évidence de la justice, sans laquelle la sévérité manque presque toujours son but.

Au nombre de ces garanties, le projet de loi place un double rapport à l'autorité administrative et à l'autorité judiciaire. Il est à craindre que les punitions qui auront reçu l'approbation du ministre ou du préfet ne soient blamées par le procureur général ou par le procureur du Roi, d'où résulteraient des conflits et par conséquent de fâcheuses influences sur l'harmonie des pouvoirs et sur la discipline. Il reste à savoir si l'on peut remédier à l'inconvénient sans enlever une garantie aux condamnés qui seraient victimes des punitions non autorisées par les lois.

SEINE-ET-OISE.

Il aurait peut-être mieux valu que la loi laissât à des ordonnances réglementaires le soin de déterminer le genre de punitions à infliger aux détenus. Il y a surtout de graves inconvénients à ce que la loi limite à cinq jours les punitions indiquées numéros 1 et 2. Pour ceux qui ont l'expérience des prisons, les moyens de punition, tels que la loi les indique, seront insuffisants.

Obliger le préposé en chef de chaque maison à rendre compte, tous les mois, au procureur général, des punitions disciplinaires infligées, serait transporter à l'autorité judiciaire une partie essentielle des attributions que l'article 1er de la loi confie au ministre de l'intérieur.

En soumettant les actes des employés de l'administration au contrôle des magistrats, ce serait s'exposer à des conflits sans cesse renaissants, qui ne peuvent manquer d'affaiblir la discipline.

Je pense donc que comme ce n'est pas au procureur général que la loi confie la police intérieure de la prison, ce n'est pas à ce magistrat qu'il doit être rendu compte des punitions infligées disciplinairement, mais au ministre de l'intérieur, à qui la police des prisons est attribuée, et qui est seul responsable des actes de ses agents.

Par toutes ces considérations, il est vivement à désirer que l'article 45 de la loi soit modifié, et on ne saurait trop insister pour obtenir *au moins* la suppression du dernier paragraphe de cet article, qui ne peut que créer des embarras et des obstacles à l'administration.

SOMME.

Le pouvoir d'infliger les peines énumérées dans l'article 45 peut être confié sans danger aux directeurs des prisons; mais il pourrait présenter des inconvénients entre les mains des gardiens-chefs des petites maisons d'arrêt ou de justice. Il serait opportun de réserver à l'autorité administrative (le préfet ou le sous-préfet) le droit de prononcer des peines ayant le plus de gravité ou de durée, le pouvoir étant laissé, bien entendu, au préposé en chef, d'ordonner immédiatement la séquestration et la mise aux fers des détenus en cas de violence et d'atteinte grave à la discipline.

TARN.

L'article 45 me parait donner trop de pouvoir au préposé en chef. Laisser ces agents juges quelquefois dans leur propre cause, ce serait exposer les prisonniers à ne pas être toujours traités avec humanité, et à l'être souvent arbitrairement. Il faudrait selon moi, que le paragraphe 9 du même article portât : « Dans tous les cas, « il en rendra compte immédiatement au maire et au président de la commission de « surveillance, afin qu'ils examinent de concert si la punition disciplinaire infligée « doit être maintenue. »

TARN-ET-GARONNE.

Afin de soustraire les détenus aux actes arbitraires dont ils pourraient être l'objet de la part du préposé en chef, il est très-important que le règlement d'administration fasse un devoir à celui-ci de rendre compte, dans la journée, au procureur du Roi, des punitions par lui infligées; que, de plus, ce magistrat soit autorisé à les lever dans le cas où elles auraient été mal appliquées; enfin, que ces punitions soient inscrites sur un registre déposé au greffe de la prison, afin qu'il soit loisible au membre de la commission de surveillance de service de le consulter dans ses tournées. On ne saurait trop se précautionner pour préserver les prisonniers des actes arbitraires que leur isolement pourrait faciliter, et il serait essentiel de rendre, en raison de cet isolement, les visites d'inspection plus fréquentes.

VAUCLUSE.

La loi devrait imposer au préposé en chef de la prison de rendre compte, par écrit, des punitions disciplinaires qu'il a infligées aux prisonniers, non-seulement au procureur général, mais encore au préfet du département.

VIENNE (HAUTE-).

Pourquoi faire rendre compte des punitions infligées au procureur général et non pas au préfet? Ceci est contre toutes les règles et contre tous les principes. Les prisonniers, une fois la condamnation encourue, sont sous la surveillance administrative.

Au surplus, tout cet article, qui devrait plutôt trouver place dans un règlement que dans une loi, témoigne d'une prévention fâcheuse et injuste du législateur contre l'administration. On lui laisse le soin de désigner les peines disciplinaires, mais on a craint qu'une fois les peines fixées, elle ne laisse introduire dans la pratique des exagérations.

Cet article devrait donc être sinon supprimé, au moins modifié dans son dernier paragraphe.

VOSGES.

Le dernier paragraphe de cet article 45 a éveillé plus d'une susceptibilité dans l'intérêt de l'administration. On ne se rend pas bien compte de la nécessité de ce rapport, que le préposé en chef devra faire chaque mois au procureur général, des punitions disciplinaires qui auront été infligées aux prisonniers. On croit reconnaître là quelque chose qui n'est plus en harmonie avec le principe de haute surveillance attribuée à l'administration seule.

Si cette appréhension a été manifestée ailleurs, peut-être quelque mots, une seule ligne, la rendraient-ils satisfaite. Il suffirait de dire, par exemple : « Chaque mois, le « préposé en chef de la maison rendra compte, par écrit, au procureur général, des « punitions disciplinaires qui auront été infligées aux prisonniers, *pour rendre plus* « *complètes les appréciations ultérieures dans l'intérêt de la justice.* » On éloignerait par là toute idée d'empiétement sur la juridiction administrative.

OBSERVATIONS GÉNÉRALES.

AVEYRON.

Le projet de loi dispose, article 39, qu'une somme annuellement déterminée par la loi de finances sera accordée, à titre de subvention, aux départements qui feront des dépenses de construction et d'appropriation pour l'établissement du régime cellulaire dans leurs prisons. Cette disposition, qui a pour objet de les encourager à entreprendre ces sortes de travaux, ne saurait en elle-même trouver des contradicteurs. Mais ne serait-elle pas plus efficace si, au lieu de la promesse vague d'une subvention, elle renfermait l'engagement de concourir à la dépense dans une proportion déterminée; si elle disait, par exemple, que l'État y entrerait pour la moitié ou pour le tiers?

CREUSE.

Le prisonnier doit gagner sa nourriture et son entretien. Il ne faut pas que sa condition soit meilleure que celle du pauvre ouvrier qui nourrit sa famille à la sueur de son front. Mais ici, je l'avoue, il m'est difficile de combiner l'emprisonnement individuel prescrit par l'article 21, avec le travail dont parle l'article 23.

Les départements ne peuplent, en général, les prisons que de manœuvres et de gens de la campagne. Je ne me rends pas compte dès lors de ce que l'on peut faire de ces hommes qui ne connaissent d'autre travail que celui des champs, qui ne savent manier d'autre outil que la truelle, la cognée et la bêche, d'autres instruments que la scie, le marteau et la charrue. Je ne vois pas à quelle occupation industrielle ils peuvent se livrer pour compenser les frais de leur apprentissage, la lenteur et l'imperfection de leur travail, le déchet ou la perte des matières premières qui ont été confiées à leur ignorance. Leur peine sera expirée avant qu'ils soient arrivés à produire autant qu'ils dépensent. Si ces hommes ne formaient qu'une faible partie de la population des maisons centrales, l'inconvénient ne serait peut-être pas appréciable, car dans toutes les industries il y a de l'occupation pour les hommes inexpérimentés ou incapables; mais si l'incapacité et l'inexpérience sont presque générales, comme cela a lieu dans les deux tiers des départements où se recrute la population de certaines maisons de détention, et qui sont étrangers à toute espèce d'industrie, il faut conclure que le système de travail des prisonniers en France, tel qu'il est organisé,

15.

est parfaitement applicable aux départements industriels qui envoient dans les maisons centrales des individus habitués aux travaux qui leur sont confiés, ou sont au moins aptes à ces travaux par l'éducation industrielle qu'ils ont reçue, mais que ce système de travail doit être modifié pour les détenus dans les départements qui n'ont aucune industrie.

On ne peut pas non plus se dissimuler, qu'à part l'éloignement qu'on éprouve généralement pour tout individu sorti des prisons, la pitié que certains d'entre eux inspirent ferait surmonter la réprobation dont ils sont frappés, si ces hommes pouvaient donner du travail en échange du salaire qui leur est nécessaire pour vivre; mais que pourrait-on espérer de malheureux qui, pendant de longues années, auront été renfermés dans des cellules, occupés à des travaux manuels auxquels la plupart n'auront pas été accoutumés, lorsque, rentrés dans la société, ils seront obligés de reprendre la profession qu'ils exerçaient avant leur séquestration, que leurs bras auront perdu l'habitude de soulever de lourds fardeaux, et leurs mains la callosité nécessaire au maniement des matériaux? Comment espérer que le maçon, par exemple, qui, pendant cinq ans, aura tissé de la soie, puisse ensuite plonger une main dans le mortier, et de l'autre prendre une pierre brute pour la mettre en œuvre.

Je pense donc que le système pénitentiaire ne serait complet sous ce rapport que tout autant que les condamnés seraient occupés, pendant leur séquestration de la société, à des travaux analogues à la profession qu'ils exerçaient avant qu'ils fussent passibles des mesures de répression. En un mot, qu'un homme qui a reçu de l'éducation professionnelle, qui a vécu dans l'atmosphère des ateliers, reçoive des outils et du travail dans sa cellule; mais à un homme de la campagne, qui ne sait que remuer le sol, cultiver les céréales, manipuler les fourrages, soigner les bestiaux; à celui qui, toute sa vie, n'a fait que travailler sous le ciel, à l'ardeur du soleil, exposé à toutes les intempéries des saisons, qu'on donne des instruments aratoires, des terrains à mettre en culture et à maintenir en rapport.

On trouvera, dans ces deux conditions du bien-être moral et physique, pour tous les détenus et pour l'État, une source abondante de produits, car chacun aura été utilisé selon son savoir-faire et selon sa constitution, et, à l'expiration de sa peine, le libéré sera en état de se procurer de suite de l'ouvrage et plus disposé à mener une vie probe et laborieuse.

DOUBS.

Je trouve ces dispositions insuffisantes. (Art. 39.) Il me paraîtrait utile que la loi déterminât le temps dans lequel les constructions devront être effectuées; qu'elle rendît la dépense obligatoire pour les départements jusqu'à concurrence d'un nombre de centimes déterminé, et que l'État fût appelé à faire le surplus de la dépense. Si on n'emploie pas ce moyen, qui est seul efficace, ce n'est pas dans vingt ans que les prisons seront construites, et nous donnerons le spectacle, aussi contraire à la justice qu'à la raison, de deux régimes de prisons, l'un augmentant la dépravation des détenus, et l'autre servant efficacement à leur amélioration morale.

EURE-ET-LOIR.

La réforme des prisons est d'un objet d'intérêt général ; nous pensons que cette réforme ne doit pas se calculer en raison de ce que chaque département présente d'individus à réprimer, et que la société est intéressée à la répression de tous les crimes et délits. L'État nous semble devoir entrer largement dans la mesure commandée par les besoins sociaux. Selon que les départements sont plus ou moins éloignés du centre de la France, qu'ils sont plus ou moins livrés à l'industrie commerciale, ils présentent plus ou moins de crimes ou délits. Tout le pays est donc engagé dans le besoin de la réforme. Il arivera d'ailleurs que tel département qui sera le moins riche, le moins en état de supporter une dépense considérable, comme celle qu'entraînera la construction d'une prison, sera celui qui présentera un plus grand nombre de crimes ou délits à réprimer. A l'État appartient de faire, avec unité et sur les bases communes, les prisons, selon le système d'isolement.

Nous pensons donc que le budget de l'État doit faire les premières dépenses de construction et d'appropriation des maisons cellulaires.

GIRONDE.

Les nouveaux moyens de transférement à l'aide de petites voitures cellulaires devraient dispenser les départements de la dépense des lieux de dépôts. Il suffit aujourd'hui d'une chambre de sûreté annexée à chaque caserne de gendarmerie pour y déposer les malfaiteurs arrêtés dans la circonscription de la brigade, jusqu'au moment du départ de la correspondance qui, du lieu où habite la brigade, va presque toujours d'une seule traite au chef-lieu d'arrondissement, où est la maison d'arrêt. S'il fallait deux jours, la chambre de sûreté de la brigade intermédiaire suffirait à la garde du malfaiteur.

Le mode nouveau de transférement ne laisse plus d'utilité aux lieux de dépôt des chefs-lieux de canton que pour les condamnés à des peines de simple police. A ce titre, la prison serait simplement municipale et non départementale.

Je ne vois rien dans le projet qui dispense les départements de supporter à l'avenir l'entretien des individus retenus par voie de contrainte par corps, pour acquitter les amendes encourues par eux envers les régies financières à raison des fraudes qu'ils ont commises. Il est contraire à tous les principes de justice et d'équité que les administrations des douanes, de l'enregistrement, des forêts et des contributions indirectes, puissent retenir leurs débiteurs en prison aux frais des départements; c'est aux dépens du budget départemental que ces administrations recouvrent des amendes et des restitutions, dont le premier emploi devrait être d'acquitter la dépense à laquelle leur recouvrement a donné lieu.

HÉRAULT.

Je voudrais une répartition absolue dans les édifices, une gradation marquée dans la disposition des cellules, ajoutant à la sévérité de la peine.

Ainsi, pour les maisons de travaux forcés, la reclusion devrait être absolue, le coucher, un simple lit de camp comme dans les bagnes actuels, et les travaux pénibles et grossiers. On pourrait construire ces bagnes dans des lieux isolés, en rase campagne, avec un fort renfermant une garnison, et leur donner en tout l'aspect le plus propre à effrayer l'imagination des plus pervertis.

Les maisons de reclusion auraient une disposition moins sévère ; le coucher serait amélioré par une paillasse et une couverture. L'isolément absolu avec travail dans les cellules pourrait être adouci par des promenades individuelles dans les préaux et des communications avec les personnes que le projet désigne.

Enfin les maisons d'emprisonnement, soumises à un régime plus doux, auraient des cellules plus vastes et d'un aspect moins sombre, un lit avec matelas, des promenades plus fréquentes, des communications plus faciles avec les personnes du dehors.

ISÈRE.

Le régime de la communauté dans la détention m'a toujours paru faire de nos maisons d'arrêt, de correction et de justice, quelles que fussent la sévérité des réglements intérieurs, la moralité et la vigilance des agents chargés de la surveillance, des écoles du crime où les détenus se raffermissent dans la voie du brigandage, et contractent entre eux des rapports, une intimité, une solidarité, qui ont ensuite pour la société, pour la sûreté publique, de terribles conséquences. Je n'ai donc cessé d'appeler de tous mes vœux l'application du système cellulaire que tend à faire mettre en pratique le projet de loi sur les prisons. Je crois que ce système corrigera les graves inconvénients que je viens d'indiquer, permettra la moralisation des détenus et préviendra en grande partie les récidives.

LOIRE-INFÉRIEURE.

Plusieurs dispositions fâcheuses introduites dans le projet de loi me semblent le résultat d'une certaine mollesse de la raison publique à l'égard des nouvelles théories nées de l'amour du paradoxe. Suivant ces théories, il n'y a qu'un seul coupable dans le monde, c'est la société tout entière, moins les brigands ; ceux-ci sont les victimes. Voici la démonstration : la société doit à tous ses membres l'instruction morale et professionnelle, le travail en quantité suffisante pour donner une facile aisance, la liberté la plus complète. S'il y a des scélérats, c'est que la société ne les a pas suffisamment instruits et moralisés ; elle est donc la vraie coupable, et doit faire amende honorable aux scélérats. S'il y a des paresseux vagabonds, c'est qu'elle ne leur présente pas un travail suffisamment attrayant ; elle a donc tort. Sil y a des pauvres, c'est qu'elle a constitué un mauvais ordre social, qui ne répartit pas également l'aisance ; le pauvre a donc le droit de reprendre le bien qui devait lui appartenir. Cette théorie trouve ses héros dans les bagnes, et maudit la société qui opprime de si nobles natures. Chacun sans doute sent bien que tout cela est absurde autant qu'immoral, mais on n'ose pas le dire nettement et avec fermeté, et, dans l'occasion, on sacrifie la société aux scélérats, non pas en totalité et bravement, mais dans une certaine mesure, comme il convient à des esprits modérés, disposés à convenir que, en règle générale, deux et deux font quatre, mais à la condition toutefois de réserver des circonstances atténuantes.

Dans le projet de loi, par exemple, on consent bien à condamner les assassins, les incendiaires, les empoisonneurs, les corrupteurs de la jeunesse, les faussaires, tous les individus que la loi punit de plus de dix années de travaux forcés, mais on craint qu'ils ne s'ennuient trop en occupant leur pensée d'idées étrangères au crime, et après les avoir mis quelque temps dans la société des honnêtes gens, on les rend à la bande de leurs complices pour qu'ils reprennent leurs habitudes regrettées ; puis, après avoir laissé fermenter à point, on lâche le tout sur la société. N'est-ce pas là une des plus manifestes applications de la théorie dont je viens de parler, et n'y a-t-il pas lieu de s'alarmer de ces principes et de leurs conséquences?

MEUSE.

Les dépenses de construction et d'appropriation des prisons destinées aux prévenus et aux condamnés à un an d'emprisonnement et au-dessous sont mises au compte des départements, qui recevront une subvention sur le budget de l'État.

Les départements n'ayant d'autres ressources que les centimes qu'ils s'imposent, la dépense des prisons imposera toujours la même charge aux contribuables, soit qu'ils la payent sous la forme de centimes départementaux ou sous la forme de centimes généraux, c'est-à-dire, soit que les prisons soient construites ou appropriées par l'État ou par les départements. Mais en laissant ces travaux au compte seul de l'État, on les exécute avec tous les avantages de la centralisation, de l'uniformité : on n'est plus dominé par les intérêts ou les influences de localités. Il n'y a donc ni économie, ni avantage d'aucune espèce à mettre ces dépenses à la charge des départements.

MOSELLE.

J'ai déjà signalé plusieurs fois, dans mes rapports mensuels, ce qu'à mes yeux avait d'insuffisant, notamment à l'égard des récidivistes, un système qui ne change que la durée de la peine, sans changement dans la manière de la subir. Cette égalité me parait encore plus choquante dans le projet, qui a pour but de *réformer,* tandis qu'il consacre *en principe* une exception que la force des choses seule, c'est-à-dire l'insuffisance des maisons centrales, avait fait accepter. On ne peut pas dire que l'effet moral de la différence de condamnation doit suffire : on sait trop, malheureusement, que cet effet ne se produit guère sur le condamné, et il ne se produit pas du tout sur la population, qui, d'abord, ignore assez généralement la différence qui existe entre les deux natures de peine, et confond ensuite dans la même répulsion les condamnés de toute catégorie qui sortent des maisons centrales. D'ailleurs, après la peine subie, le condamné rentre *légalement* dans la vie ordinaire (sauf la surveillance à laquelle quelques-uns restent soumis). On ne doit donc pas compter, à ce point de vue, sur un effet moral que la loi n'admet pas. Je crois donc que la loi devrait établir une différence de régime telle, que l'individu qui est condamné à cinq ans de prison soit traité moins sévèrement que celui qui est condamné au même nombre d'années de reclusion.

PYRÉNÉES - ORIENTALES.

Une des objections sur lesquelles ont le plus insisté les opposants au projet de loi, c'est l'impossibilité, pour quelques organisations, de supporter un isolement trop prolongé.

Pour obvier au danger qui donnait lieu à cette objection, l'article 34 a autorisé les tribunaux à réduire, dans l'arrêt de condamnation, jusqu'à cinq ans, le temps pendant lequel le condamné, avant d'être transporté, doit être soumis à l'emprisonnement individuel.

Mais il ne sera pas toujours possible, au moment de la condamnation, de prévoir l'effet que l'isolement produira sur la santé des condamnés.

D'ailleurs l'article 34 n'est pas applicable aux condamnés correctionnels, qui, cependant, peuvent avoir à subir un emprisonnement de plus de cinq ans.

Qu'arrivera-t-il pour le détenu, soit correctionnel, soit reclusionnaire, condamné à plus de cinq ans d'emprisonnement, si, après les cinq premières années passées dans la prison, on reconnait qu'il ne peut supporter plus longtemps l'isolement sans danger pour sa raison ou pour sa vie ?

Le placera-t-on à l'infirmerie ? Mais le séjour à l'infirmerie, bon pour une affection momentanée, ne peut être un état permanent et se prolonger pendant plusieurs années.

Aura-t-on recours au droit de grâce ? Mais ce ne sera pas le cas. La grâce doit avoir été méritée. Une faible santé n'est pas un titre suffisant pour un détenu, qui peut être d'ailleurs un fort mauvais sujet.

Puisque c'est surtout la raison d'humanité qui a motivé la disposition finale de l'article 34, il semble que, par une conséquence naturelle de cette disposition et suivant l'esprit qui l'a inspirée, on pourrait, dans les cas spécifiés tout à l'heure, donner à l'administration la faculté d'autoriser, avant l'expiration des dix ans, le départ des détenus sujets à la déportation, et, pour les correctionnels, la cessation du régime de la séparation pendant le jour.

L'exercice de cette faculté serait entouré de toutes les garanties nécessaires pour empêcher l'arbitraire et l'abus.

Ce ne serait pas l'administration qui modifierait les arrêts des tribunaux, mais la force majeure, la nécessité. L'administration ne ferait que constater cette nécessité, cette force majeure.

Il faudrait qu'il y eût péril reconnu pour la raison ou pour la vie des détenus. Les cas seraient rares.

Pour les condamnés sujets à la déportation, l'exécution de la mesure, si elle était admise, ne présenterait pas de difficultés.

Les correctionnels, dont le nombre serait très-limité, finiraient leur peine dans les maisons ou les quartiers réservés aux détenus qui, comme les septuagénaires, ne sont pas soumis au régime de l'emprisonnement individuel.

L'addition indiquée compléterait et assurerait le résultat qu'on a voulu obtenir par la deuxième partie de l'article 34.

La loi met à la charge des départements les frais de construction et d'appropriation des prisons destinées aux inculpés, prévenus, etc.

Elle assure une subvention aux départements *qui feront des dépenses de construction et d'appropriation.*

Mais elle ne porte pas obligation de construire ou d'approprier; elle ne détermine pas de délai pour les constructions ou appropriations; elle ne crée pas de ressources sur lesquelles la dépense puisse être imputée, à défaut des ressources ordinaires.

La disposition n'a d'autre sanction que l'appât pour les départements de prendre part à la distribution de la somme accordée à titre de subvention à ceux qui feront des dépenses de construction.

La pensée du projet de loi n'est cependant pas de mettre l'application du nouveau régime à la merci du bon vouloir des conseils généraux de département, et d'attendre patiemment que ces conseils se décident à voter les dépenses nécessaires pour cette application.

L'article 9 de la loi du 10 mai 1838 divise les dépenses départementales en quatre catégories :

1° Les dépenses ordinaires pour lesquelles il est créé des ressources annuelles au budget de l'État;

2° Les dépenses facultatives d'utilité départementale;

3° Les dépenses extraordinaires autorisées par des lois spéciales;

4° Les dépenses mises à la charge des départements.

D'après l'article 14 de la même loi, les dépenses ordinaires sont les seules qui puissent être inscrites d'office.

Or les dépenses de construction et d'appropriation des prisons ne sont pas des dépenses ordinaires.

Elles ne sont pas non plus des dépenses facultatives, puisque le nouveau régime doit être général, et par conséquent obligatoire.

Il faut les ranger dans la classe des dépenses mises à la charge des départements par des lois spéciales.

Mais quand une loi met une dépense à la charge des départements, elle a deux choses à faire :

1° Aviser à ce que les départements ne puissent se soustraire à la charge qu'elle leur impute;

2° Indiquer et créer, au besoin, les ressources sur lesquelles la dépense sera imposée.

C'est ainsi, par exemple, que la loi du 28 juin 1833, sur l'instruction primaire, après avoir mis à la charge des départements le complément de la dépense des écoles communales, porte (article 13) : *qu'il y sera pourvu, en cas d'insuffisance des fonds départementaux, par une imposition spéciale votée par le conseil général du département, et à défaut du vote de ce conseil, établie par une ordonnance royale.*

Si quelques conseils généraux refusent d'inscrire dans leur budget la dépense nécessaire pour la construction des prisons, que fera l'administration contre ce refus, la dépense n'étant pas de celles qu'elle ait droit d'inscrire d'office?

Supposez que l'inscription d'office ait lieu; sur quelles ressources sera-t-il pourvu à la dépense, en cas d'insuffisance des ressources ordinaires (ce qui sera le cas le plus fréquent), la loi n'ayant pas donné à l'administration le droit d'établir, par ordonnance, les impositions nécessaires, quand le conseil général s'obstinerait à ne pas voter ces impositions?

Il semble donc qu'il existe dans l'article 39 une double omission, une double lacune à laquelle il est indispensable de remédier par une disposition analogue à celle qui se trouve dans l'article 13 de la loi du 28 juin 1833.

Il y a des départements pauvres dont les revenus ne couvrent pas les dépenses ordinaires, qui ont peu de population, peu de territoire productif et imposable, où le centime additionnel ne donne qu'une très-faible somme, et qui s'écrasent de centimes extraordinaires pour les dépenses que les départements populeux et étendus couvrent avec un ou deux centimes seulement.

Pour remédier autant que possible à cette inégalité très-réelle de charges et de conditions, dans l'intérêt des départements pauvres, il conviendrait, comme on a fait dans l'article 13 de la loi du 28 juin 1833, de déterminer, tant pour le nombre des centimes additionnels que pour le nombre des années sur lesquelles ces centimes devront porter, un maximum à voter par conseils généraux, en cas d'insuffisance des ressources ordinaires, ou à établir par ordonnance royale sur le refus des conseils généraux.

Au delà de ce maximum, l'excédent de la dépense serait imputé sur la somme annuellement allouée à titre de subvention en vertu de l'article 39.

SEINE. (PRÉFET DE POLICE.)

Aux termes des articles 34 et 35, les condamnés (ceux condamnés correctionnellement exceptés) doivent être transportés hors du territoire continental de la France, pour y rester à la disposition du Gouvernement jusqu'à l'expiration de leur peine, lorsqu'ils auront été soumis pendant dix ans au régime de la séparation absolue. On comprend que ces dispositions se lient intimement au *genre de détention* qu'auront à subir les condamnés après leur transportation, car la peine à leur infliger sera naturellement plus ou moins forte, selon que la détention hors du territoire continental sera elle-même plus ou moins sévère. Il semble donc que les dispositions des articles 34 et 35 ne pourront être appréciées que lorsqu'on connaîtra celles de la loi spéciale à laquelle l'article 34 fait allusion et qui doit régler le mode de transportation; d'où il faudrait conclure que les deux lois sont absolument connexes, et que l'une ne saurait être présentée sans l'autre.

VIENNE.

Le besoin de cette loi est généralement senti. Le Code pénal de 1810 repose uniquement sur le principe de l'intimidation. L'amendement moral du coupable a moins préoccupé le législateur, en ce qui touche l'effet de la peine, que l'influence de la rigueur de cette peine pour prévenir de nouveaux crimes. Ce principe d'intimidation, vivement attaqué par une philanthropie imprudente, a été fortement ébranlé par les modifications apportées au Code pénal en 1832, et surtout par la funeste extension de la faculté d'admettre des circonstances atténuantes.

Il faut donc, ainsi que le dit Votre Excellence dans l'exposé des motifs à la Chambre des pairs, *rendre au principe d'intimidation la force qu'il a perdue, tout en préservant les détenus d'une corruption funeste.* La loi proposée me paraît devoir atteindre ce but. Mais est-il vrai de dire que les peines, comme elles sont subies dans les prisons actuelles, sont plus efficaces que celles qu'on irait subir dans une prison cellulaire, parce que l'opinion publique attache aux unes une flétrissure qu'elle n'attacherait pas aux autres? Je ne le pense pas. Il est une vérité qu'il faut reconnaître. Les prestiges de terreur qu'autorisaient les peines ont disparu comme autant d'illusions. La publicité, et surtout la publicité établie par les journaux judiciaires, n'a pas peu contribué à les anéantir. Les condamnés et le peuple lui-même n'apprécient plus les peines que d'après leur rigueur et leur valeur réelles. Le nom de *galérien* a survécu aux travaux mortels des galères ; mais ce nom, le peuple l'applique à celui qui a subi sa peine dans une maison centrale comme un forçat.

Le travail des maisons de reclusion, où sont soumis à peu près au même régime les reclusionnaires et les condamnés à plus d'un an de prison, est plus pénible que celui des bagnes. L'habit gris est tout aussi infamant que l'habit bigarré. Des faits nombreux nous apprennent que des condamnés détenus dans des maisons centrales commettent souvent des crimes emportant la peine des travaux forcés à temps, pour être admis dans les bagnes où, en effet, le travail est moins dur et où le condamné respire l'air du ciel dans les vastes ports de l'État. Durant les dernières assises de la Vienne, un accusé priait son avocat de le faire condamner aux travaux forcés et non à la reclusion. Ses parents, sans reproche, sollicitaient la même faveur pour lui, parce qu'il devait moins souffrir *dans le bagne que dans la centrale.* En fait, sous le Code pénal actuel, quel que soit son système d'intimidation, les bagnes et les maisons de reclusion ne sont pas des prisons du même genre. Les moins sévères paraissent les plus douces. Peu de personnes attachent à l'une d'elles une infamie plus grande qu'à l'autre ; leur seule différence se trouve dans leurs noms. Les unes s'appellent *bagnes,* les autres maisons de reclusion. Le projet ne fait donc qu'établir dans la loi ce qui existe en fait. Mais il a l'avantage immense de créer un mode efficace d'exécution de la peine, de rendre au Code pénal son intimidation perdue, et de s'occuper de la moralisation des condamnés en faisant disparaître les foyers de corruption où se forment ces associations de malfaiteurs qui désolent nos villes.

FIN.

www.ingramcontent.com/pod-product-compliance
Lightning Source LLC
Chambersburg PA
CBHW071815090426

42737CB00012B/2098